全国技工院校公共课教材配套用书

化学（第六版）习题册

贺红举　主编

中国劳动社会保障出版社

简介

本习题册是全国技工院校公共课教材《化学（第六版）》的配套用书。

本习题册紧扣教学要求，依照教材的章节顺序编排，题型丰富，注重基础概念和基本思维方法的巩固与培养，突出相关计算和分析能力的锻炼，贴合职业教育需求。全书题目编排有较明显的难易梯度，以便教学。

本习题册由贺红举主编，张伟松任副主编，王艺锟参加编写。

图书在版编目（CIP）数据

化学（第六版）习题册/贺红举主编. -- 北京：中国劳动社会保障出版社，2022
ISBN 978-7-5167-5296-8

Ⅰ.①化…　Ⅱ.①贺…　Ⅲ.①化学课-中等专业学校-教学参考资料　Ⅳ.①G634.83

中国版本图书馆 CIP 数据核字（2022）第 045142 号

中国劳动社会保障出版社出版发行
（北京市惠新东街 1 号　邮政编码：100029）
*
北京市科星印刷有限责任公司印刷装订　　新华书店经销

787 毫米×1092 毫米　16 开本　3.75 印张　87 千字
2022 年 4 月第 1 版　　2026 年 1 月第 8 次印刷
定价：8.00 元

营销中心电话：400-606-6496
出版社网址：http://www.class.com.cn
http://jg.class.com.cn

目　录

绪言　化学——物质的世界

1. 按照物质的分类，将下列物质分别填入相应的类别下。

铁、硫黄、白磷、酒精、硫酸、汞、硝酸、烧碱、纯碱、石灰石、醋酸、生石灰、熟石灰、食盐、镁粉、木炭、硫酸铜

分类	物　　质
金属	
非金属	
酸	
碱	
盐	
氧化物	
有机物	

2. 下列描述中哪些是物理性质，哪些是化学性质，哪些是物理变化，哪些是化学变化？

(1) 水在 4 ℃时密度为 1 g/cm^3；(2) 二氧化碳能使澄清石灰水变浑浊；(3) 铁生锈；(4) 水变成冰；(5) 纯铁具有银白色的金属光泽；(6) 铜丝导电；(7) 胆矾是蓝色固体；(8) 镁条可以在空气中燃烧；(9) 铜绿受热生成氧化铜、水和二氧化碳；(10) 石蜡可燃；(11) 洒水降温；(12) 生铁炼成钢。

物理性质：________________；物理变化：________________；

化学性质：________________；化学变化：________________。

3. 下列 4 组物质中均有一种物质的类别与其他 3 种不同：

(1) 这四种物质依次是 A (　　)、B (　　)、C (　　)、D (　　)。

(2) 这四种物质相互作用可以生成一种新物质，其化学式为________________。

A. CaO、Na_2O、CO_2、CuO　　　　B. H_2、C、P、Cu

C. O_2、Fe、Cu、Zn　　　　D. HCl、H_2O、H_2SO_4、HNO_3

第1章　原子和分子

一、填空题

1. 按原子和分子基本知识填写下列空格。

（1）能保持物质化学性质的微粒是________；（2）化学变化中的最小微粒是________；

（3）能直接构成物质的微粒是____________；（4）构成原子核的微粒是____________；

（5）带正电荷的微粒是________________；（6）带负电荷的微粒是______________；

（7）不带电荷的微粒是________________________________。

2. 铀元素的核电荷数为92，其一种同位素相对原子质量为238，则它的核内质子数为______，核外电子数为______。若已知在数值上，相对原子质量等于质子数与中子数之和，则该铀原子核内中子数为______。

3. 在$^{6}_{3}Li$、$^{7}_{3}Li$、$^{23}_{11}Na$、$^{24}_{12}Mg$、$^{14}_{6}C$、$^{14}_{7}N$中：

（1）______和______互为同位素；

（2）______和______的质量数相等，但不能互称为同位素；

（3）______和______的中子数相等，但质子数不等，所以不是同一种元素。

4. 甲、乙、丙、丁四种元素的原子序数如表中所示，根据周期表填写下表：

元素	甲	乙	丙	丁
原子序数	6	8	11	13
元素符号				
核外电子排布				
周期				
族				
最高正化合价				
最高正价对应水化合物的分子式				

5. 同一周期的主族元素，从左向右，金属性逐渐______，非金属性逐渐______；同一主族元素从上到下，金属性逐渐______，非金属性逐渐______；金属性最强的元素在周期表的______方，非金属性最强的元素在周期表的________方。

6. 某主族元素R，它的最高价氧化物的化学式是RO_3，气态氢化物里含氢5.88%，该元素的相对原子质量是________，该元素是________。

7. X、Y、Z是三种短周期的主族元素，原子序数为Z>X>Y，其中Y原子的次外层电子数为2，X与Y的族序数之和等于Z的族序数。已知X的氢氧化物A难溶于水，Y的最高价氧化物的对应水化物B是一种强酸。由此推知：X是__________，Y是__________，

Z是__________。

8. 右图是周期表的一部分，已知 A、B、C、D 都是短周期元素，四种元素原子核外共有 56 个电子，推断 A、B、C、D 各是什么元素，写出它们的元素符号：A ____________，B ____________，C ____________，D ____________。

	A	
B	C	D

9. 有一组物质：NaOH、H_2O、$MgBr_2$、CO_2、H_2、Na_2O_2、H_2O_2（键角 96°52′）、N_2、NH_4Cl、SO_2（V 型分子）。

（1）离子化合物有____；共价化合物有____。

（2）以非极性键结合的有______________；以极性键结合的非极性分子有__________；既有离子键又有共价键的有________________________。

二、选择题

1. 一个氢原子由一个质子和一个电子构成，不含有中子，当一个氢原子失去 1 个电子后，它不会变成（　　）。

A. 质子　　B. 原子核　　C. 阳离子　　D. 带负电荷的离子

2. X、Y 元素都有三个电子层，且 X 元素的最外层有 2 个电子，Y 元素的最外层有 7 个电子，则 X 和 Y 元素形成的化合物的化学式是（　　）。

A. XY　　B. XY_2　　C. X_3Y_2　　D. X_2Y_3

3. 下列关于$^{17}_{8}O$的说法错误的是（　　）。

A. 质子数为 8　　B. 中子数为 8　　C. 电子数为 8　　D. 质量数为 17

4. 某二价阳离子核外有 10 个电子，中子数为 13，质量数为（　　）。

A. 21　　B. 23　　C. 25　　D. 12

5. 和氩原子具有相同电子层结构的微粒是（　　）。

A. Na^+　　B. Cl^-　　C. Ne　　D. Ca

6. 某粒子由 12 个质子、12 个中子和 10 个电子构成，该粒子是（　　）。

A. 分子　　B. 原子　　C. 阴离子　　D. 阳离子

7. 元素周期表中某区域的一些元素多能用于制造半导体，它们是（　　）。

A. 左下方区域的金属元素

B. 金属元素和非金属元素分界线附近的元素

C. 右上方区域的非金属元素

D. 稀有气体元素

8. 根据元素周期表和元素周期律分析下列推断，其中错误的是（　　）。

A. 铍（Be）的原子失电子能力比镁弱

B. 砹（At）的氢化物不稳定

C. 硒（Se）化氢比硫化氢稳定

D. 氢氧化锶［$Sr(OH)_2$］比氢氧化钙的碱性强

9. 下列是各组元素的核外各层电子数，具有相似化学性质的一组是（　　）。

A. 2 和 2、8、8　　B. 2、7 和 2、8、1

C. 2 和 2、8、2　　D. 2、8 和 2、6

10. 核电荷数分别为 12 和 7 的 A、B 两种元素，所形成的化合物一定是（　　）型。

A. AB　　B. A_2B　　C. A_2B_3　　D. A_3B_2

11. 下列物质中含有极性共价键的是（　　）。

A. 单质碘　　B. 氯化镁　　C. 溴化钾　　D. 水

12. 下列物质中只含有非极性共价键的是（　　）。

A. NaOH　　B. NaCl　　C. H_2　　D. H_2S

13. 有 X、Y 两种原子，X 原子的 M 层比 Y 原子的 M 层少 3 个电子，Y 原子的 L 层的电子数恰为 X 原子的 L 层电子数的 2 倍，则 X、Y 元素的元素符号分别为（　　）。

A. C 和 Al　　B. N 和 Be　　C. Si 和 B　　D. Mg 和 S

14. 可能存在的第 119 号元素，有人称其为“类钫”，根据周期表结构及元素性质变化趋势，有关“类钫”的预测正确的是（　　）。

A. “类钫”在化合物中呈+1 价　　B. “类钫”属过渡元素，具有放射性

C. “类钫”单质的密度小于 1 g/cm^3　　D. “类钫”单质有较高的熔点

15. 下列各组性质的比较中正确的是（　　）。

A. 酸性：$HClO_4 < HBrO_4 < HIO_4$　　B. 碱性：$NaOH > Mg(OH)_2 > Al(OH)_3$

C. 稳定性：$HCl > PH_3 > H_2S$　　D. 还原性：$Cl^- > Br^- > I^-$

三、判断题

1. 同一种元素的原子组成是相同的。（　　）
2. 决定原子质量的粒子主要是质子和中子。（　　）
3. 人们已经发现 118 种元素，也就是说发现了 118 种原子。（　　）
4. 原子中电子数等于质子数，因此，电子数决定了元素的种类。（　　）
5. 氢原子核外只有一个电子层，如果这层有两个电子，就达到稳定结构，氢原子就变成了氦原子。（　　）
6. 电子总是先排布在能量最低的电子层里，然后再依次排布在能量较高的电子层里。（　　）
7. 同一主族元素的最外层电子数相等。（　　）
8. 核外电子数越多，元素的非金属性越强。（　　）
9. 极性键组成极性分子，非极性键组成非极性分子。（　　）
10. 多原子分子如果结构对称，则是非极性分子；如果结构不对称，则是极性分子。（　　）
11. 离子化合物中只能含有离子键。（　　）
12. 化学反应的过程，本质上是旧化学键断裂和新化学键形成的过程。（　　）

四、问答题

1. 稀有气体为什么不能形成双原子分子？

2. 比较下列各组元素中两种元素金属性或非金属性的相对强弱。

（1）Na 和 K （2）B 和 Al （3）P 和 Cl （4）O 和 S

3. 根据元素在元素周期表中的位置，判断下列各组化合物的水溶液酸碱性的相对强弱。

（1）H_3PO_4 和 HNO_3 （2）$Ca(OH)_2$ 和 $Mg(OH)_2$ （3）$Al(OH)_3$ 和 $Mg(OH)_2$

4. 用电子式表示下列物质的形成过程。

（1）$MgCl_2$ （2）Br_2 （3）H_2S

5. 下列共价化合物中，哪些是以极性键结合的，哪些是以非极性键结合的，哪些是极性分子，哪些是非极性分子？

（1）F_2 （2）O_2 （3）NH_3 （4）CH_4 （5）SO_2（V 型分子）

第 2 章　化学基本量及其计算

一、填空题

1. 摩尔是表示__________的单位，1 mol 物质中含有________个基本微粒，使用摩尔表示物质的量时必须指明_________。

2. 填写下表：

物质	Fe	CO_2	H_2O	H_2SO_4	Na_2CO_3	NaOH
相对分子质量						
摩尔质量						

3. 2 mol 的 H_2SO_4 中含有______mol 的 H 原子，_____mol 的 S 原子，_____mol 的 O 原子，______mol 的 SO_4^{2-}。

4. 物质的量相等的 CO 和 CO_2，其质量之比为______，所含分子个数之比为_____，所含氧原子个数之比为______。

5. 在标准状况下，与 4.4 g CO_2 体积相等的 O_2 的物质的量是_____，质量是_____，体积是______。

6. 现有 m g 某气体，它由双原子分子构成，它的摩尔质量为 M g/mol。若阿伏伽德罗常数用 N_A 表示，则：

（1）该气体的物质的量为______mol。

（2）该气体所含原子总数为______个。

（3）该气体在标准状况下的体积为________L。

（4）该气体溶于水中得到 1 L 溶液（不考虑反应），其溶液中溶质的物质的量浓度为________mol/L。

7. 称取 4 g 固体 NaOH，溶于水制成 500 mL 溶液，该溶液的质量浓度是______；从中取出 100 mL，其物质的量浓度是______；含 NaOH 的物质的量为______，质量为______。

8. 用 98%的浓 H_2SO_4（ρ=1.84 g/cm^3）配制成 0.5 mol/L 的稀 H_2SO_4 500 mL，请按要求填空：

（1）所需浓 H_2SO_4的体积约为______。

（2）如果实验室有 15 mL、20 mL、50 mL 的量筒，应选用______mL 的量筒最好。量取时发现量筒不干净，用水洗净后直接量取，所配溶液浓度将______（偏高、偏低、无影响）。

（3）将量取的浓 H_2SO_4沿烧杯内壁慢慢注入盛有约 100 mL 水的_______里，并不断搅拌，目的是________________。

（4）将__________的上述溶液沿____________注入___________中，并用

50 mL 蒸馏水洗涤烧杯 2～3 次，洗涤液要＿＿＿＿＿＿中，并摇匀。

(5) 加水至距刻度＿＿＿＿＿处，改用＿＿＿＿＿加水，使溶液的凹液面正好跟刻度相平。

二、选择题

1. 摩尔是（　　）。

A. 物质的质量的单位　　B. 物质的量

C. 物质的量的单位　　D. 6.02×10^{23}个微粒

2. Na_2CO_3 的摩尔质量为（　　）。

A. 53　　B. 53 g　　C. 106 g/mol　　D. 106 g

3. 1 mol 的 NaOH 的质量是（　　）。

A. 40 g　　B. 40 g/mol　　C. 40　　D. 1 g

4. N_A代表阿伏加德罗常数，下列说法正确的是（　　）。

A. 在同温同压时，相同体积的任何气体单质所含的原子数目相同

B. 2 g 氢气所含原子数目为 N_A

C. 在常温常压下，11.2 L 氮气所含的原子数目为 N_A

D. 17 g 氨气所含电子数目为 10 N_A

5. 在一定条件下，1 体积气体 A_2 和 3 体积气体 B_2 完全反应生成了 2 体积气体 X（体积在相同条件下测定），则 X 的化学式是（　　）。

A. AB　　B. A_2B_3　　C. AB_2　　D. AB_3

6. 等质量的下列物质中，含有分子数目最多的是（　　）。

A. O_2　　B. H_2O　　C. HCl　　D. H_2SO_4

7. 下列说法不正确的是（　　）。

A. 磷酸的摩尔质量与 6.02×10^{23}个磷酸分子的质量在数值上相等

B. 6.02×10^{23}个氮分子和 6.02×10^{23}个氢分子的质量比等于 14∶1

C. 32 g 氧气所含的原子数目为 $2\times6.02\times10^{23}$

D. 常温常压下，$0.5\times6.02\times10^{23}$个一氧化碳分子所占体积是 11.2 L

8. 下列两种气体的分子数一定相等的是（　　）。

A. 质量相等、密度不等的 N_2 和 C_2H_4

B. 等体积等密度的 CO 和 C_2H_4

C. 等温等体积的 O_2 和 N_2

D. 等压等体积的 N_2 和 CO_2

9. 下列说法正确的是（　　）。

A. 1 mol 任何气体的体积都是 22.4 L

B. 1 mol 氧气的质量为 32 g，它所占的体积为 22.4 L

C. 在标准状况下，1 mol 任何物质所占的体积都约为 22.4 L

D. 在标准状况下，1 mol 任何气体所占的体积都约为 22.4 L

10. 在相同条件下，下列气体中所含分子数目最多的是（　　）。

A. 1 g H_2　　B. 10 g O_2　　C. 30 g Cl_2　　D. 17 g NH_3

11. 在标准状况下，与 12 g H_2 的体积相等的 N_2 的（　　）。

A. 质量为 12 g　　B. 物质的量为 6 mol

C. 体积为 22.4 L　　　　D. 物质的量为 12 mol

12. 同温同压下，氦气、氢气和氨气的体积比为 3∶2∶1，则其原子个数比为（　　）。

A. 1∶2∶3　　B. 4∶3∶3　　C. 3∶4∶4　　D. 3∶2∶1

13. 下列溶液中，与 100 mL 0.5 mol/L NaCl 溶液所含的 Cl^- 物质的量相同的是（　　）。

A. 100 mL 0.5 mol/L $MgCl_2$ 溶液　　B. 200 mL 0.25 mol/L $CaCl_2$ 溶液

C. 50 mL 1 mol/L NaCl 溶液　　D. 25 mL 0.5 mol/L HCl 溶液

14. 30 mL 1 mol/L NaCl 溶液和 40 mL 0.5 mol/L $CaCl_2$ 溶液混合后，混合液中 Cl^- 浓度为（　　）mol/L。

A. 0.5　　B. 0.6　　C. 1　　D. 2

15. 等体积的 NaCl、$MgCl_2$、$AlCl_3$ 三种溶液分别与等体积等物质的量浓度的 $AgNO_3$ 溶液恰好完全反应，则 NaCl、$MgCl_2$、$AlCl_3$ 三种溶液的物质的量浓度之比是（　　）。

A. 1∶2∶3　　B. 3∶2∶1　　C. 6∶3∶2　　D. 1∶1∶1

三、判断题

1. 32 g 氧为 1 mol 氧。（　　）

2. 某物质如果含有的基本单元数目与阿伏加德罗常数相等，则该物质的物质的量为 1 mol。（　　）

3. 物质的量相等的几种物质，其质量之比等于它们的摩尔质量之比。（　　）

4. 在标准状况下，1 mol H_2S 和 1 mol H_2O 的体积都是 22.4 L。（　　）

5. 1 mol 氧气的质量为 32 g/mol。（　　）

6. 6.02×10^{23} 个氮分子和 6.02×10^{23} 个氢分子的质量之比等于 14∶1。（　　）

7. 同种溶液中溶质的物质的量与其溶液的体积成正比。（　　）

8. 在浓度为 2 mol/L 的 H_2SO_4 溶液中，取出 10 mL，其浓度仍然为 2 mol/L。（　　）

9. 常温下，1 L 0.1 mol/L $MgCl_2$ 溶液中含 Mg^{2+} 个数为 $0.2N_A$。（　　）

10. 将 80 g NaOH 溶于 1 L 水中，制得的溶液的浓度为 2 mol/L。（　　）

11. 溶质 B 的体积为 10 mL，加入 90 mL H_2O，溶质 B 的体积分数为 10%。（　　）

12. 某市售浓硫酸中溶质的质量分数为 98%，密度为 1.84 g/mL，该市售浓硫酸中 H_2SO_4 的物质的量浓度为 18.4 mol/L。（　　）

四、计算题

1. 0.5 mol H_2 和 0.5 mol O_2 所含的分子数目相等吗？0.5 g H_2 和 0.5 g O_2 哪一个分子数目多？

2. 在标准状况下，2.8 g CO 与多少克 SO_2 的体积相等？4.48 L CO_2 与多少升 H_2S 所含的分子数目相等？

3. 在标准状况下，2.24 L 某气体的质量为 3.4 g，计算该气体的相对分子质量。

4. 在实验室中，用锌和稀硫酸制取氢气，计算在标准状况下制得 5.6 L 氢气需要消耗多少克锌，同时可以生成多少克硫酸锌？

5. 用含有 $CaCO_3$ 的质量分数为 90%的石灰石 150 g，与足量的稀盐酸反应，在标准状况下可以制得 CO_2 多少升？

6. 市售质量分数为 65%，密度为 1.4 g/mL 的浓硝酸的物质的量浓度为多少？配制 3 mol/L 的硝酸溶液 100 mL，需要这种浓硝酸多少毫升？（结果精确到 0.01）

7. 配制 500 mL 0.2 mol/L 的下列各物质的溶液，需要相应物质的质量是多少？

（1）NaCl　（2）KOH　（3）Na_2CO_3　（4）$CuSO_4 \cdot 5H_2O$

第 3 章　化学反应速率及化学平衡

一、填空题

1. 化学反应速率通常用单位时间内__________的减少或__________的增加来表示。

2. 在化学反应 $N_2+3H_2 \rightleftharpoons 2NH_3$ 中，经过 2 s 后，N_2 的浓度由 1 mol/L 减少为 0.8 mol/L，则用 N_2 表示的平均速率为__________，用 NH_3 表示的平均速率为__________。

3. 影响化学反应速率的主要反应条件有________、________、________和__________。

4. 凡是能够显著改变化学反应速率，而本身的________、________和________在反应前后保持______的物质称为催化剂，能够________反应速率的叫正催化剂。

5. 可逆反应是指在______的条件下，既能够向一个方向进行，又能够向________进行的反应。

6. 某温度下，在密闭容器中进行的化学反应 $2NO_2$（g，红棕色）$\rightleftharpoons N_2O_4$（g，无色）为放热反应，达到化学平衡时：

（1）减小压强，体系的颜色__________。

（2）升高温度，体系的颜色__________。

（3）增加 N_2O_4 量，体系的颜色__________。

7. C（s）$+CO_2 \rightleftharpoons 2CO$ 达到化学平衡时，增大压强，平衡________，升高温度，CO 的量增加，则正反应为________热反应。

8. 在一定温度下，密闭容器中 $A+B \rightleftharpoons 2C$ 类型的反应达到了平衡。

（1）当增加或减少 A 物质时，平衡不移动，则 A 物质的状态为________。

（2）升高温度时，平衡向右移动，正反应为________热反应，正反应速率________，逆反应速率________。

（3）若 B 物质为气态，增大压强时平衡不移动，则 A 物质为______态物质，C 物质为______态物质。

9*. 把 3 mol A 和 2.5 mol B 混合于 2 L 的密闭容器中发生反应：

$$3A\ (g)\ +B\ (g)\ \rightleftharpoons xC\ (g)\ +2D\ (g)$$

经 5 min 后达到平衡生成 1 mol D，并测定 C 的平均反应速率为 0.1 mol/(L·min)，则此反应 B 的转化率为________，C 的计量数 x 为______，A 的平衡浓度为______。

10*. 有两个容积相等的密闭容器 A 和 B（见下图），A 容器有一个可上下移动的活塞，能使容器保持恒压，B 容器的容积不变。起始时这两个容器中分别充入等量的体积比为 2∶1 的 SO_2 和 O_2 的混合气体，并使 A 和 B 容积相等。在 400 ℃条件下，发生如下反应：$2SO_2$（g）$+O_2$（g）$\rightleftharpoons 2SO_3$（g）。

A　B

（1）达到平衡时，所需的时间 t（A）______t（B），A 容器中 SO_2 的转化率______B 容器。（填“大于”“小于”或“等于”）

（2）达到（1）所述平衡后，若向两容器中通入少量的等量氩气，A

容器中化学平衡________移动，B容器中化学平衡______移动。（填“向左”“向右”或“不”）

（3）达到（1）所述平衡后，若向两容器中通入等量的原反应气体，再次达到平衡时，A容器中 $c(SO_3)$ ______，B容器中 SO_3 的质量分数______。（填“增大”“减少”或“不变”）

11*．反应 $mA+nB \rightleftharpoons pC$ 在某温度下达到平衡。

（1）若A、B、C都是气体，减压后正反应速率小于逆反应速率，则 m、n、p 的关系是________。

（2）若C为气体，且 $m+n \rightleftharpoons p$，在加压时化学平衡发生移动，则平衡必定向______方向移动。

（3）如果在体系中增加或减少B的量，平衡均不发生移动，则B肯定不能为______态。

二、选择题

1．反应 $4NH_3$（g）$+5O_2$（g）$\rightleftharpoons 4NO$（g）$+6H_2O$（g）在2 L的密闭容器中进行，1 min后，NH_3 减少了0.12 mol，则平均每秒钟浓度变化率正确的是（　　）。

A．NO：0.001 mol/L　　B．H_2O：0.002 mol/L

C．NH_3：0.002 mol/L　　D．O_2：0.001 mol/L

2．对某一可逆反应来说，使用催化剂的作用是（　　）。

A．提高反应物的平衡转化率　　B．以同样程度改变正逆反应速率

C．增大正反应速率，降低逆反应速率　　D．改变平衡混合物的组成

3．对于化学反应 $A+B \rightleftharpoons C+D$，在下列不同条件下反应时，反应速率最快的是（　　）。

A．常温下20 mL含A和B各0.01 mol的溶液

B．常温下50 mL含A和B各0.01 mol的溶液

C．常温下0.1 mol/L的A和B溶液各10 mL

D．常温下0.1 mol/L的A和B溶液各20 mL

4．决定化学反应速率的主要因素是（　　）。

A．各反应物的浓度　　B．参加反应的物质的性质

C．催化剂　　D．温度

5．在一定的条件下，化学反应 $N_2+3H_2 \rightleftharpoons 2NH_3$ 达到平衡状态的标志是（　　）。

A．反应物和生成物的质量分数相等　　B．各物质的浓度保持不变

C．反应体系的体积为原来的一半　　D．反应停止

6．下列数据为一些化学反应的平衡常数，其中反应进行得最“完全”的是（　　）。

A．$K_c=10^{-1}$　　B．$K_c=10$　　C．$K_c=10^2$　　D．$K_c=10^3$

7．在 H_2（g）$+I_2$（g）$\rightleftharpoons 2HI$（g）（正反应放热）的平衡体系中，欲使正反应速率加快，可（　　）。

A．降温　　B．减小HI的浓度

C．增大反应容器的体积　　D．增大 H_2 的浓度

8．某温度下，反应 N_2O_4（g）$\rightleftharpoons 2NO_2$（g）（正反应吸热）在密闭容器中达到平衡，下列说法中不正确的是（　　）。

A．加压时（体积变小），将使正反应速率增大

B．保持体积不变，加入少许 N_2O_4，将使正反应速率减小

C. 保持体积不变，加入少许 N_2O_4，再达到平衡时颜色变深

D. 保持体积不变，升高温度，再达到平衡时颜色变深

9. 在可逆反应 $X+3Y \rightleftharpoons 3Z$（正反应吸热）中，X、Y、Z 是三种气体，为了有利于 Z 的生成，应采用的反应条件是（　　）。

A. 高温高压　　B. 高温低压　　C. 低温高压　　D. 低温低压

10. 反应 $CO+H_2O\ (g) \rightleftharpoons CO_2+H_2$ 在 800 ℃时达到平衡，分别改变下列条件，K_c 发生改变的是（　　）。

A. 将压强减小至原来的一半　　B. 将反应温度升高至 1 000 ℃

C. 及时把 CO_2 分离掉　　D. 增大水蒸气的浓度

11. 对于可逆反应：$aA\ (g)\ +bB\ (g) \rightleftharpoons mC\ (g)\ +nD\ (g)$（正反应放热），下列说法正确的是（　　）。

A. 浓度改变平衡必移动　　B. 增大压强平衡必移动

C. 升高温度平衡必移动　　D. 导入氦气平衡必移动

12. 在一密闭容器中进行反应 $X_2\ (g)\ +3Y_2\ (g) \rightleftharpoons 2Z_2\ (g)$，若 X_2、Y_2、Z_2 的起始浓度分别为 0.1 mol/L、0.3 mol/L、0.2 mol/L，当反应达到平衡后，各物质的浓度有可能是（　　）。

A. $c(X_2)=0.2$ mol/L　　B. $c(Y_2)=0.1$ mol/L

C. $c(Z_2)=0.4$ mol/L　　D. $c(Y_2)=0.6$ mol/L

三、判断题

1. 对于气体参加的反应，在一定温度下增加压强，相当于增加反应物浓度。（　　）

2. 同一个化学反应的反应速率，既可以用各个反应物，也可以用各个生成物的反应速率来表示，其数值是相等的。（　　）

3. 任何条件下，催化剂都能够大大提高化学反应的速率。（　　）

4. 增加反应物浓度可以加快化学反应速率是因为反应的速率常数增大了。（　　）

5. 在其他条件不变时，使用催化剂只能改变化学反应速率，而不能改变化学平衡状态。（　　）

6. 当化学反应达到平衡时，各反应物和生成物浓度相等，且是一个常数。（　　）

7. 平衡常数只与温度有关，与浓度无关。（　　）

8. 对于可逆反应 $C\ (s)\ +H_2O\ (g) \rightleftharpoons CO\ (g)\ +H_2\ (g)$（吸热反应）：

（1）达到平衡时，各反应物和生成物的浓度相等。（　　）

（2）加入催化剂可以缩短反应达到平衡的时间。（　　）

（3）由于反应前后分子数相等，所以增大压强对平衡没有影响。（　　）

四、问答题

1. 在 $Na_2S_2O_3$ 溶液和 H_2SO_4 溶液反应出现浑浊的实验中，增大硫酸的浓度时，出现浑浊的时间是变长还是缩短？升高反应的温度，出现浑浊的时间是变长还是缩短？为什么？

2. 为什么使用冰箱存放食物可以延长其保存时间?

3. 就处于化学平衡状态下的反应:$CO+H_2O$(g)$\rightleftharpoons CO_2+H_2$,回答下列问题:

(1)如果降低温度有利于 H_2 的生成,该反应是放热反应还是吸热反应?

(2)如果要提高 CO 的利用率,应该采取哪些措施?

4. 当人体吸入过多的一氧化碳时,就会引起一氧化碳中毒,这是由于一氧化碳与血液中的血红蛋白结合,使血红蛋白不能很好地跟氧气结合,人因缺少氧气而窒息,甚至死亡。这个反应可以表示为:

$$\text{血红蛋白}-O_2+CO \rightleftharpoons \text{血红蛋白}-CO+O_2$$

运用化学平衡理论,简述抢救一氧化碳中毒患者应采取哪些措施。

5. 牙齿的损坏实际是牙釉质[$Ca_5(PO_4)_3OH$]溶解的结果,在口腔中存在如下平衡:

$$Ca_5(PO_4)_3OH \rightleftharpoons 5Ca^{2+}\ (aq)\ +3PO_4^{3-}+OH^-\ (aq)$$

当糖附着在牙齿上发酵时,会产生 H^+,试运用化学平衡的理论说明经常吃甜食对牙齿的影响。

6. 在一定体积的密闭容器中进行如下化学反应:

$$CO_2\ (g)\ +H_2\ (g) \rightleftharpoons CO\ (g)\ +H_2O\ (g)$$

其化学平衡常数 K_c 和温度 t 的关系见下表:

t/℃	700	800	830	1 000	1 200
K_c	0.6	0.9	1.0	1.7	2.6

据此回答下列问题:

(1)该反应的化学平衡常数表达式为 K_c=________________。

(2)该反应为________反应(填"吸热"或"放热")。

（3）能判断该反应是否达到化学平衡状态的依据是________________。

A. 容器中压强不变　　　　　　　　　　B. 混合气体中 $c(CO)$ 不变

C. $v_{正}(H_2)=v_{逆}(H_2O)$　　　　　　　　D. $c(CO_2)=c(CO)$

（4）某温度下，平衡浓度符合化学式：$c(CO_2)\cdot c(H_2)=c(CO)\cdot c(H_2O)$，试判断此时的温度为______________℃。

7. 下式所示为高炉炼铁中发生的基本反应之一：

$$FeO\ (s)\ +CO\ (g) \rightleftharpoons Fe\ (s)\ +CO_2\ (g)$$

该反应中，正反应吸热。

（1）该反应中平衡常数的表达式 $K_c=$____________。

（2）已知 1 100 ℃时 $K_c=0.263$。温度升高，化学平衡移动后达到新的平衡，高炉内 CO_2 和 CO 的体积比______，平衡常数 K_c 值______。（均填“增大”“减小”或“不变”）

（3）1 100 ℃时测得高炉中 $c(CO_2)=0.025$ mol/L，$c(CO)=0.1$ mol/L，在这种情况下该反应是否处于平衡状态________（填“是”或“否”），此时化学反应速率是 $v_{正}$______ $v_{逆}$（填“=”“>”或“<”），其原因是__________________________。

第4章　电解质溶液

一、填空题

1. 在弱电解质的电离过程中，分子电离成为离子的速率________，同时离子结合成为分子的速率________。在一定的条件下，当二者的速率________时，就达到了__________状态。

2. NaOH为____电解质，在水溶液中能______电离，电离方程式为______________；$NH_3 \cdot H_2O$为______电解质，在水溶液中能______电离，电离方程式为______________。

3. 电离度α=____________________。

4. 同一弱电解质的浓度越低，则电离度越______。

5. 甲、乙两瓶氨水的浓度分别为1 mol/L和0.1 mol/L，则甲、乙两瓶氨水中$[OH^-]$之比______10（填"大于""小于"或"等于"），理由是：____________________________________。

6. 在CH_3COOH溶液中存在如下平衡：

$$CH_3COOH \rightleftharpoons H^+ + CH_3COO^-$$

向该溶液中分别加入少量下列物质后，对上述平衡各有什么影响？将答案填入下表。

加入的物质	少量NaOH溶液	少量HCl溶液	少量CH_3COONa固体
对电离平衡的影响			

7. 纯水是一种极弱的电解质，它能够微弱地电离出______和______，在25 ℃时，水电离出的H^+和OH^-的浓度为____________，其离子浓度的乘积为____________。

8. 在纯水中加入少量的酸后，水的离子积K_w ________ 1×10^{-14}，pH ________ 7。

9. 0.1 mol/L的下列溶液中，$c(H^+)$由大到小的排列顺序为____________________。

（1）HCl　（2）H_2SO_4　（3）NaOH　（4）CH_3COOH　（5）$NH_3 \cdot H_2O$

10. 在酸性溶液中，$[H^+]$ ________ $[OH^-]$，pH ________ 7；在中性溶液中，$[H^+]$ ________ $[OH^-]$，pH ________ 7；在碱性溶液中，$[H^+]$ ________ $[OH^-]$，pH ________ 7。

11. 下列盐溶液：$FeCl_3$、Na_2CO_3、NH_4NO_3、$NaNO_3$、K_2S、$Al_2(SO_4)_3$，呈酸性的有__________，呈中性的有______________，呈碱性的有______________，不发生水解的是______________。

12. 在配制$Al_2(SO_4)_3$溶液时，为了防止发生水解，可以加入少量的________；在配制K_2S溶液时，为了防止发生水解，可以加入少量的________。

13. 在化学反应中，若反应前后元素的化合价发生变化，一定有________转移，这类反应就属于__________反应。元素的化合价升高，表明这种物质______电子，发生了______反应，这种物质是______剂；元素的化合价降低，表明这种物质______电子，发生了______反应，这种物质是______剂。

14. 在反应 $2FeCl_3+2KI \longrightarrow 2KCl+I_2+2FeCl_2$ 中，____元素被氧化，____元素被还原，______是氧化剂，______是还原剂。

15. 原电池的两极分别是____极和____极，电子流出的一极为____极，电子流入的一极为____极，在____极发生氧化反应，在____极发生还原反应。

16. 电解池中，与直流电源正极相连的极为____极，它发生______反应；与直流电源负极相连的极为____极，它发生______反应。

17. 电镀时，待镀工件作____极，镀层金属作____极，________________作为电镀液。

二、选择题

1. 下列物质中属于强电解质的是（　　）。

A. 硫酸钡　　B. 氢氧化铝　　C. 氢氟酸　　D. 氨水

2. 下列电离方程式正确的是（　　）。

A. $NH_3 \cdot H_2O \longrightarrow NH_4^+ + OH^-$　　B. $CuCl_2 \longrightarrow Cu^{2+} + 2Cl^-$

C. $H_2CO_3 \longrightarrow 2H^+ + CO_3^{2-}$　　D. $NaOH \longrightarrow Na^+ + OH^-$

3. 0.1 mol/L $NH_3 \cdot H_2O$ 与 0.1 mol/L NH_4Cl 溶液中（　　）。

A. $[NH_4^+]_{NH_3 \cdot H_2O} > [NH_4^+]_{NH_4Cl}$　　B. $[NH_4^+]_{NH_3 \cdot H_2O} = [NH_4^+]_{NH_4Cl}$

C. $[NH_4^+]_{NH_3 \cdot H_2O} < [NH_4^+]_{NH_4Cl}$　　D. 无法比较

4. 强电解质的特点是（　　）。

A. 导电能力较强

B. 在溶液中存在电离平衡

C. 在溶液中不存在分子，完全电离为离子

D. 一般浓度时电离度较小

5. 下列几种物质在水溶液中不能电离的是（　　）。

A. KOH　　B. HNO_3　　C. CCl_4　　D. $KClO_3$

6. 下列叙述中能证明某物质是弱电解质的是（　　）。

A. 水溶液的导电能力很弱

B. 稀溶液中已电离的离子和未电离的分子共存

C. 水溶液中存在分子

D. 熔化状态时不导电

7. 已知一种 $[H^+]=1\times10^{-3}$ mol/L 的酸和一种 $[OH^-]=1\times10^{-3}$ mol/L 的碱等体积混合后溶液呈酸性，其原因可能是（　　）。

A. 浓的强酸和稀的强碱反应　　B. 浓的弱酸和稀的强碱反应

C. 等浓度的强酸和弱碱反应　　D. 稀的强酸和浓的弱碱反应

8. 下列关于盐酸与醋酸的稀溶液的说法正确的是（　　）。

A. 相同浓度的两种溶液中 $c(H^+)$ 相同

B. 100 mL 0.1 mol/L 的两种溶液能中和等物质的量的氢氧化钠

C. pH=3 的两种溶液稀释 100 倍，pH 都为 5

D. 两种溶液中分别加入少量对应的钠盐，$c(H^+)$ 均明显减小

9. 有 A、B、C 三种溶液，其中 A 的 pH 为 4，B 中 $c(H^+)=1\times10^{-3}$ mol/L，C 中 $c(OH^-)=1\times10^{-13}$ mol/L，则三种溶液的酸性由强到弱的顺序为（　　）。

A. A>B>C　　B. B>A>C　　C. C>A>B　　D. C>B>A

10. 一般成年人胃液的 pH 是 1.4，正常婴儿胃液的 pH 是 5.0，那么成年人胃液中 $[H^+]$ 与婴儿胃液中 $[H^+]$ 之比是（　　）。

A. 0.28　　B. 1.4∶5　　C. 4.0×10　　D. 3 981

11. 将 pH=9.0 与 pH=5.0 的两种强电解质溶液等体积混合后溶液的 pH 是（　　）。

A. 7.0　　B. 5.0　　C. 8.0　　D. 6.0

12. 下列叙述错误的是（　　）。

A. 配制 $FeCl_3$ 溶液时，为了抑制水解常加盐酸

B. 盐类都能水解

C. 盐类水解反应通常是吸热反应

D. 盐类水解是指组成盐的离子与由水电离出的 H^+ 或 OH^- 离子生成弱电解质的反应

13. pH=12（常温）的溶液 10 mL 稀释为 100 mL 时，正确的是（　　）。

A. 溶液中 pH 一定等于 11　　B. 溶液中 $[H^+]$ 将增大

C. 溶液的 pH 接近 10.5　　D. 溶液中 $[H^+]$、$[OH^-]$ 的乘积增大

14. 向 10 mL pH=2 的某酸溶液中，加入 10 mL pH=12 的 KOH 溶液，反应后滴入 2 滴紫色石蕊试液，溶液呈红色，则此酸是（　　）。

A. 一元强酸　　B. 二元强酸　　C. 一元弱酸　　D. 任何强酸

15. 下列各组溶液等体积混合后，溶液的 pH 小于 7 的是（　　）。（多选）

A. pH=3 的醋酸溶液和 pH=11 的 NaOH 溶液

B. 0.1 mol/L 的 HNO_3 溶液和 0.1 mol/L 的 KOH 溶液

C. 0.1 mol/L 的 H_2S 溶液和 0.1 mol/L 的 NaOH 溶液

D. 0.1 mol/L 的 $NH_3\cdot H_2O$ 溶液和 0.1 mol/L 的盐酸溶液

16. 下列溶液：①pH=0 的盐酸溶液，②0.5 mol/L 的盐酸溶液，③0.1 mol/L 的氯化铵溶液，④0.1 mol/L 的氢氧化钠溶液，⑤0.1 mol/L 的氟化钠溶液，按水溶液中的氢离子浓度从大到小的顺序排列，正确的是（　　）。

A. ①②③④⑤　　B. ③⑤④②①　　C. ①②③⑤④　　D. ⑤③④①②

17. 根据有关化学原理，下列判断正确的是（　　）。

A. 60 ℃时，NaCl 溶液的 pH<7，则溶液呈酸性

B. 若盐 KX 溶于水时溶液温度降低，则 KX 一定发生了水解

C. 若弱酸 HA 的酸性强于弱酸 HB，则同浓度钠盐溶液的碱性：NaA<NaB

D. 25 ℃时，与同浓度的稀硫酸反应，锌粒的速率一定比铁屑快

18. 现有 Na_2CO_3、H_2SO_4、$Ba(OH)_2$ 三种物质的物质的量浓度与体积都相等的溶液，若以不同顺序将它们中的两种混合起来，出现沉淀后过滤，再将滤液与第三种溶液混合，最终所得的溶液（　　）。

A. 一定呈酸性　　B. 可能呈碱性也可能呈中性

C. 一定呈碱性　　D. 一定呈中性

19. 钢铁中所含杂质的电极电势比铁的电极电势大，则电化学腐蚀的是（　　）。

A. 铁　　　　　B. 杂质　　　　　C. 都腐蚀

20. 电化学保护法就是将被保护的金属作原电池的（　　）。

A. 阳极　　　　B. 阴极　　　　C. 正极　　　　D. 负极

21. 钢铁在潮湿的空气里发生的腐蚀有（　　）两种。

A. 吸氧腐蚀和析氢腐蚀　　　　B. 化学腐蚀和空气腐蚀

C. 化学腐蚀和非化学腐蚀　　　D. 化学腐蚀和电化学腐蚀

三、判断题

1. 在相同浓度的两种一元酸中，它们的氢离子浓度一定相等。（　　）

2. 能够导电的物质一定是电解质。（　　）

3. 弱电解质溶液的电离度随溶液的稀释而增大，因此，溶液的导电能力也增大。（　　）

4. 溶液的酸性越强，$[H^+]$ 越大，pH 值越小。（　　）

5. 温度相同时，0.1 mol/L 的 CH_3COOH 的电离度比 0.01 mol/L 的 CH_3COOH 的电离度小。（　　）

6. 将 NaOH 溶液和 $NH_3 \cdot H_2O$ 溶液稀释到原来的 2 倍体积，则两种溶液中 OH^- 的浓度都是原来的一半。（　　）

7. pH 值升高 2，溶液中 OH^- 的浓度会增大到原来的 100 倍。（　　）

8. 盐溶液的 pH 为 7，则该盐溶液不发生水解。（　　）

9. 能够自发进行的氧化还原反应都可以设计成原电池。（　　）

10. 电镀是电解的应用之一。（　　）

11. 有杂质的钢铁，发生电化学腐蚀时，铁被腐蚀，说明杂质的电极电势比铁的大。（　　）

12. 金属的电化学腐蚀和化学腐蚀本质相同，但电化学腐蚀伴有电流产生。（　　）

13. 银质奖牌久置后变暗，是电化学腐蚀。（　　）

四、计算题

1. 298 K 时，0.1 mol/L 的 HNO_2 溶液中，未电离的 HNO_2 为 0.092 8 mol/L，则 HNO_2 溶液的电离度和电离常数各为多少？

2. 298 K 时，$K_{CH_3COOH}=1.8\times10^{-5}$，在该温度下，0.02 mol/L 的 CH_3COOH 溶液中 $[H^+]$、pH 值和电离度各为多少？

五、问答题

1. 在溶液的导电性实验中，在实验装置中注入浓的 CH_3COOH 溶液时，灯光很暗；如果改用浓氨水，结果是相似的。但如果将上述两种溶液混合起来注入实验装置，则灯光非常明亮，试解释原因。

2. 为了加快固体溶解速率，常用热水溶解 $CuSO_4$ 溶液，但会产生浑浊，原因是什么？如何才能得到澄清的 $CuSO_4$ 溶液？

3. 草木灰是农村常用的钾肥，它含有 K_2CO_3，试说明为什么草木灰不能和氯化铵或硫酸铵混合使用。

第 5 章　重要的非金属及其化合物

一、填空题

1. 通常情况下，氯气是______色，有______气味，具有____性的气体。为了防止污染环境，在做完实验后，多余的氯气应用________溶液吸收，其化学方程式为________________________。

2. 红热的铜丝在氯气中燃烧，产生______色烟，这是______晶体颗粒；磷在氯气中燃烧，出现________烟雾，它是______和______的混合物。

3. 将 $KMnO_4$ 和 $KClO_3$ 的固体混合物加热得到气体 A，在反应后残留的固体中加入过量浓硫酸并加热，得到一种单质气体 B，则 A 是________，B 是________。

4. 新制氯水呈________色，是因为有__________存在；向氯水中滴入硝酸银溶液，有________生成，这说明氯水中有____存在；向氯水中滴入石蕊试液，石蕊立即褪色，说明氯水中存在________。写出氯水中产生这些微粒的化学方程式和电离方程式：(1)______________________________；(2)______________________；(3)__________________________。

5. 如右图所示，将氯气依次通过盛有干燥有色布条的广口瓶和盛有潮湿有色布条的广口瓶，可观察到的现象是____________________。工业上常用廉价的石灰乳吸收工业氯气尾气制得漂白粉，漂白粉的有效成分是________（填化学式），长期露置于空气中的漂白粉，加稀盐酸后产生的气体是（　　）。

干燥的氯气　　氯气尾气

A. O_2　　B. Cl_2　　C. CO_2　　D. HClO

6. 有 X、Y、Z 三种元素，已知①X、Y、Z 的单质在常温下均为气体；②X 单质可在 Z 单质中燃烧，生成 XZ，火焰为苍白色；③XZ 极易溶于水，电离出 X^+ 和 Z^-，其水溶液可使蓝色石蕊试纸变红；④每 2 个 X_2 分子可与 1 个 Y_2 分子化合生成 2 个 X_2Y 分子，X_2Y 在常温下为液体；⑤Z 单质溶于 X_2Y 中，所得溶液具有漂白作用。

(1) 推断 X、Y、Z 三种元素分别为________、________、________。

(2) 化合物的化学式 XZ ________________，X_2Y ________________。

(3) 五个过程中涉及的化学反应的方程式为①________________，②________________，③______________________。

7. 通常情况下，溴是____色______味，易_____，密度比水_____的___体，具有强烈的腐蚀性。碘是_____色的_____体，易______。溴、碘在水中都溶解度都很_____，但易溶于______、______等有机溶剂。

8. 向含有 KCl、KI、KBr 的溶液中通入足量的氯气，然后将溶液蒸干，灼烧，最后得到的残渣是__________，主要的反应为____________________、______________________。

9. 从海水中提取溴，通常是将氯气通入提取________后的母液中，将溶液中的________

氧化成______。生成的单质溴仍然溶解在水中，鼓入______，能使溴挥发出来，冷凝得到______，精制粗溴可得到高纯度的溴单质。

10. 碘的提取工业流程：

海洋中某些植物具有富集碘的能力，如________等。所以从________中提取碘是工业上获取碘的一种途径。

（1）灼烧：将食用干海带________，烧成海带灰后，自然冷却。

（2）浸泡：将灼烧所得海带灰________，不断搅拌，________。

（3）氧化：在滤液中加入________，静置。

（4）提纯：将所得溶液进行________、________，从而得到单质碘。

11. 溴、碘及其化合物在生产和生活中都有广泛的应用。溴可用于生产多种药剂，如______、____等。______是一种重要的感光材料，是胶卷中必不可少的成分。碘是一种重要的药用元素，________可用于人工降雨。

12. 在混有少量氧化铜的铁粉中加入盐酸，反应停止后过滤，取少量滤渣，再加入盐酸，仍有气泡产生，则滤渣中肯定含有的物质是________________，滤液中肯定含有的物质的化学式是________________。

13. 过氧化氢（俗名双氧水），医疗上可作外科消毒剂。向含有酚酞的NaOH溶液中滴加双氧水，溶液由红色褪至无色，主要原因是双氧水的______性；将双氧水加入经酸化的高锰酸钾溶液中，溶液的紫红色消褪了，此时双氧水表现出________；久置的油画，白色部位（$PbSO_4$）常会变黑（PbS），用双氧水揩擦后又恢复原貌，有关反应的化学方程式为________________________。

14. H_2燃烧时除生成水外，还可生成少量的H_2O_2，但一般条件下很难得到H_2O_2。如果将H_2燃烧时产生的火焰用冰块冷却，就可检验出极少量的H_2O_2生成。实验前，用两只蒸发皿盛好冰（用蒸馏水冷凝而成），做对比实验如下：

Ⅰ：一只蒸发皿放在石棉网上加热，使冰块慢慢融化成液体，再加入0.1 mol/L碘化钾淀粉溶液，不显蓝色。

Ⅱ：另一只蒸发皿用调节好的氢气火焰对着冰块加热，熔化成液体后，再加入0.1 mol/L碘化钾淀粉溶液，立即变成蓝色。

（1）一般条件下得不到H_2O_2的原因是：________________________________。

（2）要做对比实验的理由是：________________________________。

（3）为了增强实验效果，且能检验出反应过程中生成H_2O_2，在不另加任何试剂和用品的情况下，你认为如何修改实验？________________________________。

（4）______（填“能”或“不能”）将实验Ⅱ中的0.1 mol/L碘化钾淀粉溶液换成酚酞试剂的理由是________________________________。

15. 硫化氢是________色有特殊________气味的______毒气体，能够溶解于水，其水溶液称为________。硫化氢气体在空气中完全燃烧，发出______色的火焰，生成________，其反应方程式为________________________。在火焰上方罩一烧杯，可见烧杯上有______色的____生成，反应方程式为________________________。

16. 氨是____色的气体，容易____化，极易溶于水，在溶液中可以少部分电离为____和____，因此，氨水显弱____性。

17. 浓硫酸可以干燥二氧化碳、氢气、氯化氢等气体，是因为浓硫酸具有________性；浓硫酸能够使蔗糖"炭化"和在纸上写字是因为浓硫酸具有________性；浓硫酸和金属反应没有氢气放出，能够和碳等非金属反应是因为具有________性；能够用铁、铝等金属容器存放运输浓硫酸，是因为会发生______。

18. 硝酸的稳定性________，常温下，浓硝酸见光或受热能发生________，浓硝酸常带有________色，这是因为分解时生成的________溶在浓硝酸中，对于硝酸的使用________影响。浓硝酸应该盛放在________瓶中，储放在________而且________的地方。

19. 二氧化碳溶于水生成________，这是一种________酸，它可以形成________盐和________盐，这两种盐在一定条件下可以相互________。

20. 一氧化碳主要化学性质是________性、________性和________性。它的主要用途是作________和在冶金工业中作________剂。

二、选择题

1. 下列关于氯气的说法中正确的是（　　）。

A. 双原子分子，易溶于水　　B. 黄绿色不易液化的气体

C. 单质的密度大于空气　　D. 与铁反应的产物是 $FeCl_2$

2. 能使干燥的有色布条褪色的是（　　）。

A. 氯气　　B. 液氯　　C. 氯水　　D. 盐酸

3. 当有大量氯气逸出到周围空间时，可以用浸有一定浓度的某种物质的水溶液的毛巾捂住鼻子，最适宜采用的该物质是（　　）。

A. NaOH　　B. NaCl　　C. KBr　　D. Na_2CO_3

4. 下面对氯气的叙述正确的是（　　）。

A. 氯气可使湿的红布条褪色，所以氯气具有漂白性

B. 氯气没有漂白性，但通入品红溶液中，品红褪色

C. 在通常情况下，氯气可以和任何金属直接化合

D. 闻其气味时要小心地将集气瓶放在鼻孔下直接闻

5. 下列物质中，既含有氯分子，又含有氯离子的是（　　）。

A. 氯化钠溶液　　B. 新制氯水　　C. 漂白粉　　D. 液氯

6. 下列关于液氯和氯水的叙述正确的是（　　）。

A. 液氯和氯水都是纯净物　　B. 液氯无酸性，氯水有酸性

C. 液氯较氯水的漂白作用更强　　D. 液氯无色，氯水呈黄绿色

7. 饱和氯水长时间放置后，下列微粒在溶液中的量减少的是（　　）。

①Cl_2　②HClO　③H_2O　④HCl　⑤O_2

A. ①②③④　　B. ①②③　　C. ①②④　　D. ①②⑤

8. 除去氯气中的水蒸气可使用（　　）。

A. 浓硫酸　　B. 碱石灰　　C. 固体烧碱　　D. 氧化钙

9. 漂粉精在空气中容易失效的原因是（　　）。

A. 次氯酸不稳定，易分解　　B. $CaCl_2$ 易潮解

C. $Ca(ClO)_2$ 易和盐酸反应　　D. $Ca(ClO)_2$ 易和空气中的 O_2 和 H_2O 反应

10. 下列物质与其用途相符合的是（　　）。

①Cl_2——做消毒剂 ②AgBr——制胶卷、感光纸 ③AgI——人工降雨 ④碘——预防甲状腺肿大 ⑤淀粉——检验 I_2 的存在 ⑥NaClO——漂白纺织物

A. ②③④⑤⑥ B. ①②③④⑤ C. ②③④⑤ D. 全部

11. 高压电机、复印机工作时会产生臭氧，该气体有强氧化性。下列叙述不正确的是（ ）。

A. 臭氧和氧气是氧的同素异形体 B. 臭氧可使湿润的 KI 淀粉试纸变蓝

C. 臭氧的存在对人体有益无害 D. 臭氧是很好的消毒剂和脱色剂

12. 大气中的臭氧层可滤除大量的紫外线，保护地球上的生物。氟利昂（如 CCl_2F_2）可在光的作用下分解，产生 Cl 原子，Cl 原子会对臭氧层产生长久的破坏作用。有关反应如下：

$O_3 \xlongequal{\text{光}} O_2 + O$，$Cl + O_3 \rightarrow ClO + O_2$，$ClO + O \rightarrow Cl + O_2$，总反应：$2O_3 \xlongequal{} 3O_2$

（1）在上述臭变成氧气的反应过程中，Cl 是（ ）。

A. 反应物 B. 生成物 C. 中间产物 D. 催化剂

（2）O_3 和 O_2 是（ ）。

A. 同分异构体 B. 同系物 C. 氧的同素异形体 D. 氧的同位素

13. 下列各组物质中，不属于同素异形体的是（ ）。

A. 金刚石和石墨 B. 红磷和白磷

C. 一氧化氮和二氧化氮 D. 氧气和臭氧

14. 根据化学反应的实质是旧键断裂、新键形成这一事实，下列变化不属于化学变化的是（ ）。

A. 白磷在 260 ℃时转化为红磷 B. NaCl 在高温下熔化

C. 石墨在高温、高压下转化为金刚石 D. 五氧化二磷吸水

15. 氯化氢是（ ）。

A. 共价化合物，密度大于氯气 B. 离子化合物，极易溶于水

C. 离子化合物，溶于水能电离 D. 共价化合物，在水中能电离

16. 用二氧化锰和浓盐酸，食盐和浓硫酸分别制取 Cl_2、HCl 气体，下列说法正确的是（ ）。

A. 两种化学反应前后，元素化合价均有变化

B. 两个反应的装置相同，余气都可以采用导管插入液体中被吸收

C. 都不采用排水法，而采用向上排空气法收集气体

D. 反应时前者（制 Cl_2）缓缓加热，后者（制 HCl）可以加热到 500～600 ℃

17. 下列各物质中加入适量的稀盐酸，不能将杂质除掉的是（ ）。

A. 氯化钠中混有少量碳酸钠 B. 硫酸钠中混有少量碳酸钙

C. 铜粉中混有少量铁屑 D. 氯化钾中混有少量氢氧化钾

18. 在近代能源技术中，纯 H_2O_2 普遍被作为单一组分的喷气燃料和火箭燃料的氧化剂。下列有关 H_2O_2 的叙述中不正确的是（ ）。

A. 3%的 H_2O_2 溶液中，加入 MnO_2，分解速率会加快，MnO_2 是催化剂

B. 在 $2KMnO_4 + 5H_2O_2 + 3H_2SO_4 \xlongequal{} 2MnSO_4 + K_2SO_4 + 8H_2O + 5O_2\uparrow$ 反应中，H_2O_2 是还原剂，且 O_2 中氧全部来自 H_2O_2

C. Na_2O_2 溶于水的过程中，不可能有 H_2O_2 生成

D. SO_2 与 H_2O_2 相混合可能生成 H_2SO_4，$SO_2+H_2O_2 = H_2SO_4$，且电子转移数为 2

19. 对于 H_2O_2 的性质描述正确的是（　　）。

A. 只有强氧化性　　B. 既有氧化性，又有还原性

C. 只有还原性　　D. 很稳定，不易发生分解

20. 下列关于氨的叙述中错误的是（　　）。

A. 氨易液化，因此可用来做制冷剂

B. 氨极易溶解于水，因此可用来做喷泉实验

C. 氨极易溶于水，因此氨气比较稳定

D. 氨溶解于水显弱碱性，因此可使酚酞试剂变为红色

21. 下列 4 瓶质量分数不同的氨水，其中密度最大的是（　　）。

A. 29％氨水　　B. 12％氨水　　C. 34％氨水　　D. 15％氨水

22. 某工厂运输 NH_3 的管道出现小孔导致 NH_3 泄漏，技术人员常常用一种挥发性液体进行检查，你觉得该液体最有可能是（　　）。

A. 浓盐酸　　B. 烧碱　　C. 浓硫酸　　D. 碳酸钠溶液

23. 有关氨气的实验较多，下面对这些实验的原理分析中不正确的是（　　）。

A. 氨气极易溶解于水的性质可以解释氨气的喷泉实验

B. 氨气的还原性可以解释氨气与氯化氢的反应实验

C. 氨水显碱性是用湿润的红色石蕊试纸检验氨气的原因

D. $NH_3 \cdot H_2O$ 的热不稳定性可以解释实验室中用加热氨水的方法制取氨气

24. 在同温同压下，相同体积的烧瓶分别充满氨气和氯化氢气体，做喷泉实验后，水都充满烧瓶，烧瓶中溶液的物质的量浓度之比是（　　）。

A. 1∶0.45　　B. 1∶1　　C. 1∶0.29　　D. 4.5∶2.9

25. 浓硫酸可用来制取氯化氢是因为它是（　　）。

A. 强酸　　B. 脱水剂　　C. 干燥剂　　D. 难挥发的

26. 盐酸和稀硫酸常用做金属表面的清洁剂，是利用了它们化学性质中的（　　）。

A. 能与碱反应　　B. 能与金属反应

C. 能与金属氧化物反应　　D. 能与石蕊试液反应

27. 下列有关 CO 的说法正确的是（　　）。

A. 一氧化碳是有刺激性气味的有毒气体

B. 在炉火上放一盆水，可以避免一氧化碳中毒

C. 一氧化碳中含有氧元素和碳元素，所以它属于混合物

D. 一氧化碳能与血红蛋白结合，导致人体缺氧

28. 2010 年 3 月，我国在世界上首先用二氧化碳作原料生产出了一种无毒、阻气、透明、全降解塑料——二氧化碳聚合物。下列说法错误的是（　　）。

A. 生产该聚合物可以减少二氧化碳的排放，减缓温室效应

B. 可以充分利用丰富的廉价资源生产全降解塑料

C. 该塑料可广泛应用于医药和食品包装、一次性餐具等方面

D. 二氧化碳聚合物就是固体二氧化碳

29. 甲、乙、丙、丁都是含碳的物质，它们有如下关系：①甲＋丙⟶乙，②乙＋O_2 ⟶丙，③常温下丁能分解生成丙，则甲、乙、丙、丁分别是（　　）。

A. C、CO、CO_2、$CaCO_3$　　B. C、CO、CO_2、H_2CO_3

C. C、O_2、CO、$CaCO_3$　　D. C、CO_2、CO、H_2CO_3

30. 能溶解单质硅的是（　　）。

A. 氢氧化钠溶液　　B. 盐酸

C. 硫酸　　D. 氨水

31. 下列酸性氧化物中，不能与水直接反应生成对应酸的是（　　）。

A. CO_2　　B. SO_2　　C. SiO_2　　D. SO_3

三、判断题

1. 液氯能够使湿润的有色布条褪色，干燥的有色布条不褪色。（　　）
2. 在氯水、液氯和含有氯气的空气中都含有氯单质。（　　）
3. 盐酸和氯化氢都用 HCl 表示，它们是同一种物质。（　　）
4. 与硝酸银溶液反应，有白色沉淀生成的物质中必定含有氯离子。（　　）
5. 向加碘的食盐溶液中加入淀粉会出现蓝色。（　　）
6. 实验室常用淀粉 KI 试纸来检验氯气。（　　）
7. 二氧化硫、漂白粉、活性炭等都能够使品红溶液褪色，它们的原理是相同的。（　　）
8. 氢硫酸除具有酸的通性外，还具有氧化性和还原性。（　　）
9. 蔗糖中加入浓硫酸，变成多孔性的炭，是因为浓硫酸具有很强的吸水性。（　　）
10. 浓硫酸的强脱水性可以用来作为干燥剂，用于干燥氯气、氨气等。（　　）
11. 稀释浓硫酸时，为了防止放出大量的热，可以将少量的水加入浓硫酸中。（　　）
12. 铜与浓硫酸反应生成二氧化硫，是因为浓硫酸具有强氧化性。（　　）
13. 硝酸、硝酸盐都应该保存在棕色瓶中，存放在冷暗处。（　　）
14. 稀盐酸、稀硫酸、稀硝酸都是强酸，都能够与活泼金属反应置换出氢气。（　　）

四、问答题

1. 写出下列化学反应方程式。

（1）Cl_2、Br_2、I_2 和 Fe 的反应。

（2）Cl_2、Br_2、I_2 和 P 的反应。

（3）Cl_2、Br_2 和 KI 的反应。

（4）常温下 Cl_2、Br_2、I_2 和 NaOH 的反应。

（5）实验室制取 Cl_2、H_2S、NH_3、CO_2 的反应。

（6）工业上生产硫酸和硝酸时，与尾气处理的有关反应方程式。

2. 下表是验证饱和氯水中所含主要粒子的实验操作和实验现象，请根据实验要求将相应的操作和现象的标号填在答案栏内。

A	B	C	答案		
a. H^+ b. Cl^- c. Cl_2 d. HClO	①将氯水滴入还原性氢硫酸中 ②将氯水滴入有机色素品红溶液中 ③在氯水中滴加紫色石蕊试液 ④在氯水中滴加 $AgNO_3$ 溶液 ⑤将湿润的淀粉 KI 试纸置于氯水试剂瓶口上方	Ⅰ. 有白色沉淀生成 Ⅱ. 有淡黄色沉淀生成 Ⅲ. 由白色变成蓝色 Ⅳ. 由红色变成无色 Ⅴ. 滴入瞬间溶液显红色随即又褪去	a.	③	Ⅴ
			b		
			c		
			d		

3. 实验室用下列有关装置先制取干燥、纯净的 Cl_2，然后进行有关性质实验，试根据下列装置回答有关问题。

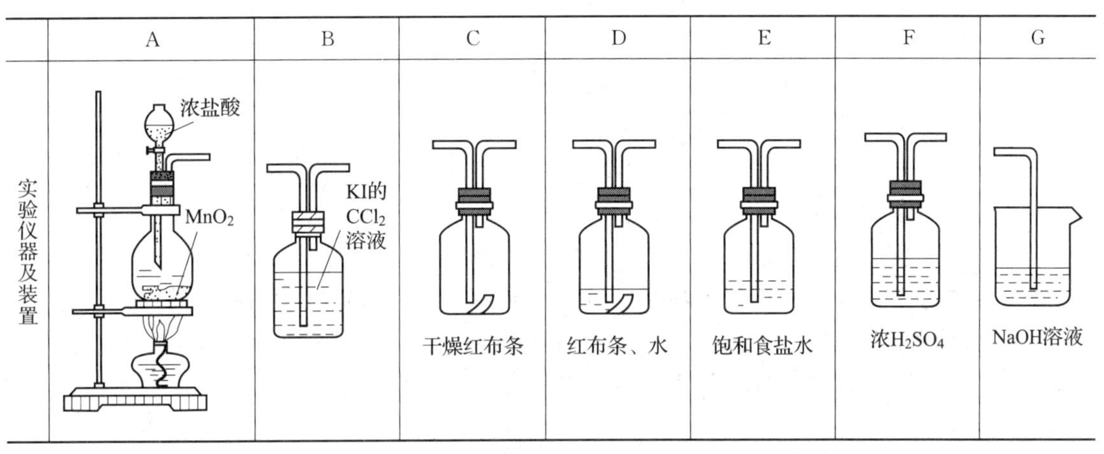

（1）上述装置中各仪器从左至右的连接顺序是______________________________。

（2）E 装置是为了________________，G 装置是为了________________，D 中的现象是____，B 中的现象是____。

4. 有三瓶失去标签的无色溶液，分别盛有 NaCl、NaBr、KI，试用两种化学方法鉴别这三种溶液，写出步骤、现象及有关化学反应方程式。

5. 有一种白色晶体 A，它与 NaOH 共热时，放出一种无色的刺激性气体 B，气体 B 能够使湿润的红色石蕊试纸变蓝；与浓 H_2SO_4 共热时，放出一种无色的刺激性气体 C，气体 C 能够使湿润的蓝色石蕊试纸变红。气体 B 和 C 相遇会产生白烟 D。问 A、B、C、D 各是什么物质？写出有关的化学方程式。

6. 硫化氢水溶液在空气中放置一段时间后会出现淡黄色浑浊，试解释其原因，并写出有关的化学方程式。

7. 某钠盐A易溶于水，其水溶液呈碱性，加稀盐酸有刺激性臭鸡蛋味的气体B生成。气体B能使浓硫酸变浑浊生成沉淀C，并有气体D生成，D能使品红褪色；B还能使银离子生成黑色物质E。指出A、B、C、D、E各为何物。

8*. 在新疆与青海两省交界处有一狭长山谷，就是风和日丽的晴天也会在顷刻之间电闪雷鸣，狂风大作，雷击事件频发，奇怪的是这里牧草茂盛、四季常青，被当地牧民称为“魔鬼谷”。魔鬼谷牧草茂盛、四季常青的原因何在？请写出有关的化学方程式。（提示：植物生长需要碳、氢、氧、氮、磷、硫等多种元素。其中，氮元素在一般的土壤中含量相对较少，而地球大气中含有N_2的比例很高。）

9. 有四瓶白色固体分别是$NaNO_3$、$(NH_4)_2SO_4$、$CaCO_3$、NH_4Cl，怎样鉴别它们？写出实验步骤、现象及有关的反应方程式。

10. 将红热的固体单质甲放入一略带黄色的溶液乙中，充分反应后，产生由两种气体组成的混合气体 A，A 在常温下不与空气作用，将 A 做如下的实验：

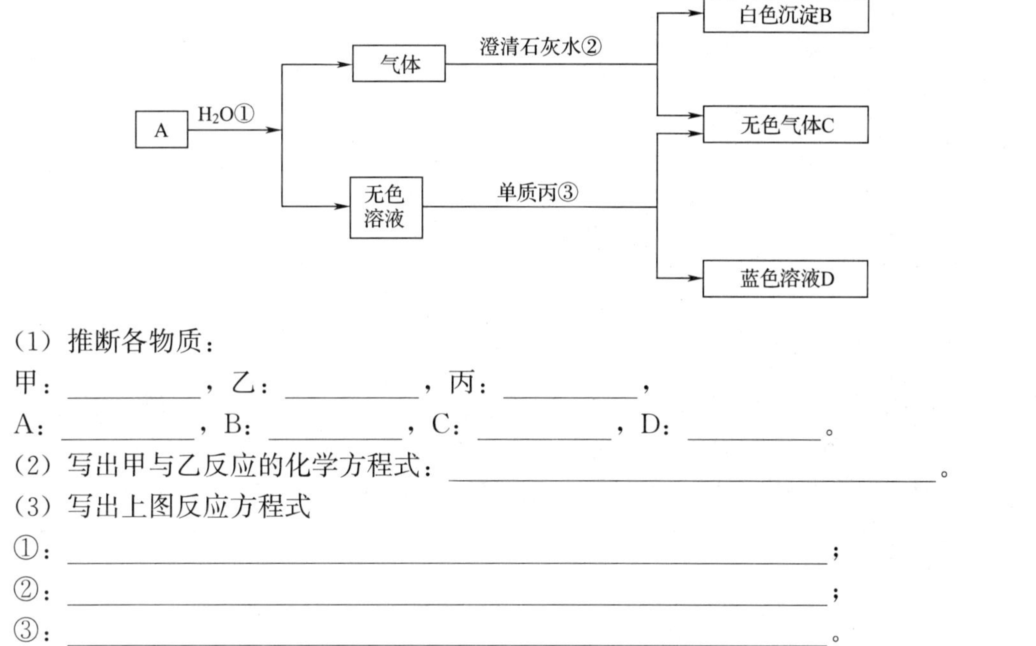

(1) 推断各物质：

甲：__________，乙：__________，丙：__________，

A：__________，B：__________，C：__________，D：__________。

(2) 写出甲与乙反应的化学方程式：______________________________。

(3) 写出上图反应方程式

①：____；

②：____；

③：____。

11. 盛放澄清石灰水的试剂瓶的内壁往往会形成不溶于水的沉积物，请问这是什么物质？可以用什么物质清洗？写出有关的化学方程式。

五、计算题

1. 含 MnO_2 质量分数为 0.78 的软锰矿 150 g，与足量的浓盐酸反应，可以制得氯气多少克？

2. 标准状况下 11.2 L Cl_2 与 11.2 L H_2 反应，可生成 HCl 气体多少升？将生成的 HCl 全部溶解在 328.5 g 水中，形成密度为 1.047 g/mL 的盐酸，计算这种盐酸的物质的量浓度。(结果精确到 0.01)

3. 取 50.0 mL Na_2CO_3 和 Na_2SO_4 的混合溶液，加入过量的 $BaCl_2$ 溶液后得到 14.51 g 白色沉淀，用过量的稀硝酸处理后沉淀量减少到 4.66 g，并有气体放出。试计算：

(1) 原混合溶液中 Na_2CO_3 和 Na_2SO_4 各自的物质的量浓度。

(2) 产生气体在标准状况下的体积。

4. Na_2CO_3 与 $NaHCO_3$ 的混合物 9.5 g 与足量的盐酸反应，在标准状况下放出 2.24 L 的气体，问 Na_2CO_3 与 $NaHCO_3$ 各多少克?

第 6 章　重要的金属及其化合物

一、填空题

1. 黑色金属是指____________________；有色金属是指______________________；轻金属是指______________________；重金属是指__________________。

2. 因为金属晶体中存在_______键，因此，金属具有_______、_________、_______等特性。

3. 金属冶炼是____________________的化学过程，其本质是发生了_________反应，金属冶炼的主要方法有_____________、_____________、_____________等。

4. 金属钠的新切面呈现_____色，很快发暗，这是因为金属钠与空气中的_____反应生成_______；金属钠投入水中漂浮在水面上，说明金属钠的密度______________；在水面上熔化成闪亮的小球，说明金属钠和水反应_____热，金属钠的熔点_______；游动时发出“嘶嘶”声，说明反应中有_____生成；烧杯中含有酚酞的溶液变红色，说明有_______生成，反应方程式为_______________________。

5. 由于 Fe 是变价元素，在反应中可以失去 2 个电子，也可以失去 3 个电子，所以呈不同的价态。铁原子遇弱氧化剂（如 S、H^+、Cu^{2+}、I_2等）时，只失去最外层的_____电子，而生成_____价铁的化合物；当遇到强氧化剂（如 Cl_2、Br_2、HNO_3等）时，可以再失去次外层上的_____电子而生成_____价铁的化合物。并且_____价比_____价稳定。

6. 分离与提纯：

（1）$FeCl_2$（杂质 $FeCl_3$），加入_____后过滤。

（2）$FeCl_3$（杂质 $FeCl_2$），通入_____气或滴加_____水或加入“绿色”氧化剂_____。

7. 铜的常见化合物颜色及溶解性：CuO ______色，难溶；Cu_2O ______，难溶；CuS ______色，难溶；$CuSO_4$ ______色，易溶；$CuSO_4 \cdot 5H_2O$ ______色，易溶；$Cu_2(OH)_2CO_3$ ______色，难溶；$Cu(OH)_2$ ______色，难溶。

8. 含有较多_____________的水叫硬水，含有较少或不含有___________的水叫软水，主要由_________形成的硬水叫暂时硬水，可以通过_________方法使硬度降低；主要由_____________形成的硬水叫永久硬水。硬水软化的主要化学方法有________________和__________________。

9. 青铜是______和______的合金，黄铜是_____和_____的合金，白铜是_____和_____、_____的合金，汞齐是____________________________________。

10. 烧碱的化学式为_____，纯碱的化学式为______，小苏打的化学式为_________，石灰石的化学式为_______，石灰的化学式为_______，消石灰的化学式为_______，绿矾的化学式为___________，莫尔盐的化学式为_____________。

11. 亚铁盐溶液在存放时会被氧化，在中性或碱性溶液中氧化速度更快，可以加入少量_____溶液，放入少量的_______保存。铁盐溶液直接加水配制时会发生_________而出现

__________，配制时往往先加入适量的________溶液。

二、选择题

1. 金属钠应保存在（　　）中。

A. 酒精　　B. 液氨　　C. 煤油　　D. 空气

2. 以下四种氢氧化物中碱性最强的是（　　）。

A. RbOH　　B. CsOH　　C. NaOH　　D. KOH

3. 下列有关钠的叙述正确的是（　　）。

A. 2.3 g 钠与 97.7 g 水反应后溶液中溶质的质量分数等于 4%

B. 钠与硫酸铜溶液反应生成的蓝色沉淀上有时出现暗斑，这是因为析出了金属铜

C. 用碱石灰处理后的空气与钠反应来制取过氧化钠

D. 钠、钾是低熔点轻金属，所以钠钾合金在常温时柔软似蜡

4. 在蔬菜生长过程中，常喷洒农药防止病虫害。据有关专家介绍，用碱性溶液或清水浸泡，可使残留在蔬菜上的农药的毒性降低。因此，买来的蔬菜在食用前最好用稀碱水或清水浸泡一段时间。浸泡蔬菜时可加入适量（　　）。

A. 纯碱　　B. 白酒　　C. 白糖　　D. 食醋

5. 我国人民很早就知道用焰色反应来鉴别某些物质，只是受生产力水平限制，这种方法没有得到发展。南北朝时期的《本草经集注》中就有这样的记载“以火烧之，紫青烟起，云是真硝石也”。这一记载所鉴别出的物质应该是（　　）。

A. $NaNO_3$　　B. KNO_3　　C. $KMnO_4$　　D. I_2

6. 在右图支管中，一管装入 2.3 g 金属钠，一管装入 HgO，同时加热两部分，Na 完全燃烧，若加热后容器里空气成分基本未变，则 HgO 质量可能是（　　）g。

A. 21.7　　B. 24

C. 43.4　　D. 10.85

7. 把小块金属钠投入饱和石灰水中，不会出现的现象是（　　）。

①溶液中出现白色浑浊物　②有金属钙被还原出来　③反应过程中易发生爆炸　④钠熔成小球在液面上迅速游动（　　）。

A. ①③　　B. ②③　　C. ②④　　D. ①②

8. 某干燥粉末可能由 Na_2O、Na_2O_2、Na_2CO_3、$NaHCO_3$、NaCl 中的一种或几种组成。使该粉末与足量的盐酸反应有气体 X 逸出，X 通过足量的 NaOH 溶液后体积缩小（同温同压下测定）。若将原混合物粉末在空气中用酒精灯加热，也有气体放出，且剩余固体的质量大于原混合物粉末的质量。据此，下列判断正确的是（　　）。

①粉末中一定含有 Na_2O、Na_2O_2 和 $NaHCO_3$　②粉末中一定不含有 Na_2CO_3 和 NaCl　③粉末中一定不含有 Na_2O 和 NaCl　④无法肯定粉末中是否含有 Na_2CO_3 和 NaCl

A. ①③　　B. ②④　　C. ①④　　D. ②③

9. 已知用金属钠制取氧化钠的方法有许多，下列方法最好且解释合理的是（　　）。

A. $4Na+O_2$（纯）$\xlongequal{常温}2Na_2O$　产物唯一，条件易控制

B. $4Na+CO_2\xlongequal{\triangle}2Na_2O+C$　原料价廉，反应操作简便

C. $2NaNO_2+6Na \xlongequal{\triangle} 4Na_2O+N_2\uparrow$ 产物中只有 Na_2O 固体生成，且生成的 N_2 可将周围环境中的 O_2 排净，保护 Na_2O 不被进一步氧化

D. $4Na+O_2$（空气）$\xlongequal{常温}2Na_2O$ 操作简便

10. 钙及其挥发性化合物的火焰颜色为（　　）。

A. 砖红色　B. 黄色　C. 紫色　D. 绿色

11. 下列关于“焰色反应”的理解正确的是（　　）。

A. 只有金属单质才有焰色反应

B. 只有金属化合物才有焰色反应

C. 只有某些金属或其化合物才有焰色反应

D. 只有金属离子才有焰色反应

12. 下列无水化合物中可用于干燥氢气的是（　　）。

A. $CaCO_3$　B. $Ca_3(PO_4)_2$　C. $CaCl_2$　D. $Ca(OH)_2$

13. 随着人们生活节奏的加快，方便的小包装食品已被广泛接受。为了延长食品的保质期，防止食品氧化变质，在包装袋中可以放入的化学物质是（　　）。

A. 无水硫酸铜　B. 硫酸亚铁　C. 食盐　D. 生石灰

14. 下列难溶钡盐中不溶于盐酸的是（　　）。

A. $BaCO_3$　B. $BaSO_4$　C. $BaCrO_4$　D. $BaSO_3$

15. 取两份铝片，第一份与足量盐酸反应，第二份与足量烧碱溶液反应，同温同压下放出相同体积的气体，则两份铝片的质量之比为（　　）。

A. 1∶1　B. 2∶3　C. 3∶2　D. 1∶6

16. 下列用途主要是体现铝的物理性质的是（　　）。

①制造家用铝锅　②制造盛浓硝酸的容器　③制导线　④焊接钢轨　⑤作为包装铝箔　⑥作为炼钢的脱氧剂　⑦作防锈油漆　⑧作合金，用作飞机制造业材料　⑨作热交换器

A. ①②③④　B. ③④⑥⑦⑧⑨　C. ①③⑤⑦⑧⑨　D. ①③②④⑥⑧

17. 有关 Al 与 NaOH 溶液的反应的说法中正确的是（　　）。

A. 铝是还原剂，其氧化产物是 $Al(OH)_3$

B. NaOH 是氧化剂，其还原产物是 H_2

C. 铝是还原剂，H_2O 和 NaOH 都是氧化剂

D. H_2O 是氧化剂，Al 被氧化

18. 常温下能用铝制容器盛放的是（　　）。

A. 浓盐酸　B. 浓硝酸　C. 稀硝酸　D. 稀硫酸

19. 下列物质中可用于治疗胃酸过多的是（　　）。

A. 碳酸钠　B. 氢氧化铝　C. 氧化钙　D. 碳酸钡

20. 将氯化钠、氯化铝、氯化亚铁、氯化铁、氯化镁五种溶液，通过一步实验就能加以区别，并只用一种试剂，这种试剂是（　　）。

A. KSCN　B. $BaCl_2$　C. HCl　D. NaOH

21. 为了检验某 $FeCl_2$ 溶液是否变质，可向溶液中加入（　　）。

A. NaOH 溶液　B. 铁片　C. KSCN 溶液　D. 石蕊溶液

22. 下列有关合金的说法错误的是（　　）。

A. 青铜是人类历史上最早使用的合金，至今已有三千多年的历史

B. 世界上最常见的，用量最大的合金是钢

C. 合金的硬度一般比它的各成分金属小，熔点一般也比它的各成分金属高

D. 合金可以由金属和非金属融合而成

23. 下列物质中不属于合金的是（　　）。

A. 硬铝　　B. 黄铜　　C. 钢铁　　D. 水银

24. 常温下铁片投入到下列溶液中，铁片质量减小，但无气体产生的是（　　）。

A. 冷浓硝酸　　B. 硝酸铜溶液　　C. 稀硫酸　　D. 硝酸铁溶液

25. 下列各组物质中，X 是主体物质，Y 是少量杂质，Z 是为除去杂质所要加入的试剂，其中所加试剂正确的一组是（　　）。

	A.	B.	C.	D.
X：	$FeCl_2$溶液	$FeCl_3$溶液	Fe	Na_2SO_4溶液
Y：	$FeCl_3$	$CuCl_2$	Al	Na_2CO_3
Z：	Cl_2	Fe	NaOH 溶液	$BaCl_2$溶液

26. 在火星上工作的美国“勇气号”和“机遇号”探测车的一个重要任务就是收集有关 Fe_2O_3及硫酸盐的信息，以证明火星上存在或曾经存在过水。以下叙述正确的是（　　）。

A. 铝热剂就是指 Fe_2O_3粉和铝粉的混合物

B. 检验从火星上带回来的红色物质是否是 Fe_2O_3的操作步骤为：样品→粉碎→加水溶解→过滤→向滤液中滴加 KSCN 溶液

C. 分别用 H_2、Al、CO 还原等物质的量的 Fe_2O_3，所需 H_2、Al、CO 物质的量之比为 3∶2∶3

D. 明矾作为净水剂属硫酸盐，含结晶水，是混合物

27. 在氯化铁、氯化铜和盐酸的混合溶液中加入铁粉，待反应结束，所剩余的固体滤出后能被磁铁吸引，则反应后溶液存在较多的阳离子是（　　）。

A. Cu^{2+}　　B. Fe^{3+}　　C. Fe^{2+}　　D. H^+

28. 下列除去杂质的方法正确的是（　　）。

A. 除去 CO_2中混有的 CO：用澄清石灰水洗气

B. 除去 $BaCO_3$固体中混有的 $BaSO_4$：加过量盐酸后，过滤、洗涤

C. 除去 $FeCl_2$溶液中混有的 $FeCl_3$：加入过量铁粉，过滤

D. 除去 Cu 粉中混有的 CuO：加适量稀硝酸后，过滤、洗涤

29. 下列有关纯铁的描述正确的是（　　）。

A. 熔点比生铁低

B. 与相同浓度的盐酸反应生成氢气的速率比生铁的相应反应快

C. 在潮湿空气中比生铁容易被腐蚀

D. 在冷的浓硫酸中可钝化

30. 铁屑溶于过量的稀硫酸，过滤后向滤液中加入适量硝酸，再加入过量的氨水，有红

褐色沉淀生成。过滤并加热沉淀物至质量不再发生变化，得到红棕色的残渣。上述沉淀和残渣分别为（　　）。

A. $Fe(OH)_3$；Fe_2O_3　　B. $Fe(OH)_2$；FeO

C. $Fe(OH)_2$、$Fe(OH)_3$；Fe_3O_4　　D. Fe_2O_3；$Fe(OH)_3$

三、判断题

1. 金属键是金属离子之间通过自由电子产生的较强的相互作用。（　　）

2. 金属原子的特点是核外电子个数较少。（　　）

3. 金属单质在反应中通常作为还原剂，发生氧化反应。（　　）

4. 比较活泼的金属单质在空气中都容易被氧化。（　　）

5. “滴水穿石”包含的化学知识有：碳酸钙在温度降低时溶解度增大；碳酸钙能够溶于含有二氧化碳的水。（　　）

6. 烹制糖醋食品时最好使用铁锅而不是铝锅。（　　）

7. 家庭用的铝壶（锅）表面容易结垢，要用砂纸经常打磨，保持光亮。（　　）

8. 汽车用的银粉漆的主要添加物为铝粉，主要起到防腐和美观的作用。（　　）

9. 洒落在地上的水银可以用铝箔沾起并放入水中，再撒上硫黄粉消除汞的污染。（　　）

10. 铅是有毒的重金属，小孩子经常咬铅笔会摄入铅，是因为铅笔芯含铅。（　　）

四、简答题

1. 保存 NaOH 溶液的试剂瓶为什么不能使用磨口塞？为什么不能长期保存？

2. 钠、钾、镁、铝都是活泼金属，为什么钠、钾要保存在煤油中，而镁、铝能够在空气中保存？

3. 怎样保存硝酸银？为什么？

4. 有四种钠的化合物 W、X、Y、Z，根据下列反应式判断 W、X、Y、Z 的化学式。

$W \xrightarrow{\triangle} X + CO_2 + H_2O$；$Z + CO_2 \longrightarrow X + O_2$；$Z + H_2O \longrightarrow Y + O_2\uparrow$；$X + Ca(OH)_2 \longrightarrow Y + CaCO_3\downarrow$。

W 为__________，X 为__________，Y 为__________，Z 为________。

5. 高锰酸钾在硫酸、氢氧化钠和水为介质的情况下，和亚硫酸钠发生反应，分别生成什么物质？写出有关的化学方程式。

6. 怎样用化学方法除去下列物质中混有的少量杂质（用有关反应的离子方程式）。

（1）铜粉中混有铁粉________________ __________________________。

（2）Na_2CO_3粉末中混有 $NaHCO_3$__________ ___________________________________。

（3）$FeCl_2$溶液中混有 $FeCl_3$__________ ______________________________________。

7. “药金”从外观上看和金（Au）相似，常被误认为是黄金，其主要成分是铜锌合金。试设计一个简单实验来区别“药金”和黄金。

8. 写出 Al_2O_3和 $Al(OH)_3$分别和盐酸、氢氧化钠反应的化学方程式。

9. 以富含硫酸亚铁的工业废液为原料生产氧化铁的工艺如下（部分操作和条件略）。

Ⅰ. 从废液中提纯并结晶出 $FeSO_4 \cdot 7H_2O$。Ⅱ. 将 $FeSO_4 \cdot 7H_2O$ 配制成溶液。Ⅲ. $FeSO_4$溶液与稍过量的 NH_4HCO_3溶液混合，得到含 $FeCO_3$的浊液。Ⅳ. 将浊液过滤，用 90 ℃热水洗涤沉淀，干燥后得到 $FeCO_3$固体。Ⅴ. 煅烧 $FeCO_3$，得到 Fe_2O_3固体。已知：NH_4HCO_3在热水中分解，则：

（1）Ⅰ中，加足量的铁屑除去废液中的 Fe^{3+}，该反应的离子方程式是________________。

（2）Ⅱ中，为抑制 $FeSO_4$的水解和氧化，需加一定量的______酸。

（3）Ⅲ中，生成 $FeCO_3$的离子方程式是______________________________。若 $FeCO_3$浊液长时间暴露在空气中，会有部分固体表面变为红褐色，这种红褐色物质是______________[$Fe(OH)_3$、$Fe_2(CO_3)_3$]。

（4）Ⅳ中，通过检验 SO_4^{2-} 来判断沉淀是否洗涤干净。检验 SO_4^{2-} 操作是的____。

（5）Ⅴ中，煅烧 $FeCO_3$ 化学方程式是 $4FeCO_3+O_2\xlongequal{\triangle}2Fe_2O_3+4CO_2$，现煅烧 290.0 kg 的 $FeCO_3$，得到 Fe_2O_3 的质量是________ kg。

10. 水污染物的主要来源有哪些？水污染综合防治的措施有哪些？

第7章　烃

一、填空题

1. 写出下列烷烃的分子式或结构简式。

（1）辛烷________；（2）十八烷________；（3）二十三烷____；（4）三十九烷______；

（5）含有30个氢原子的烷：________________；

（6）某烷烃的相对分子质量为142：______________；

（7）烷烃A在同温同压下蒸气的密度是H_2的36倍：______________；

（8）1 L烷烃D的蒸气完全燃烧时，生成同温同压下15 L水蒸气：____________；

（9）碳、氢的质量比为9∶2的烷烃，其结构简式为：__________________。

2. 乙烷的分子式为__________，结构式为________________；结构简式为__________。

3. 有一种无色的混合气体可能由CH_4、NH_3、H_2、CO、CO_2和HCl中一种或几种组成。将此混合气体通过浓硫酸，气体的总体积基本不变，再通过过量澄清石灰水，未见浑浊，但气体总体积减小。把剩余气体在供氧的情况下引燃，燃烧产物不能使无水硫酸铜变色。原混合气体中含有______________________________。

4. 已知某种气态矿物燃料含有碳、氢两种元素。为了测定这种燃料中碳氢元素的质量比，可将气态燃料放入足量的氧气中燃烧，并使产生的气体依次通入装有干燥剂的U形管和装有石灰水的广口瓶，得到如下表所列的实验结果。（假设产生的气体全部被吸收）

	实验前	实验后
（干燥剂＋U形管）的质量	101.1 g	102.9 g
（石灰水＋广口瓶）的质量	312.0 g	314.2 g

根据实验数据求：（1）实验完毕后，生成物中水的质量为______g，假设广口瓶里生成一种正盐，其质量为____________g；（2）生成的水中氢元素的质量为__________g；（3）生成的二氧化碳中碳元素的质量为__________g；（4）气态矿物中碳元素与氢元素的质量比为______________。

5. 某烃A是有机化学工业的基本原料，其产量可以用来衡量一个国家的石油化工发展水平，A还是一种植物生长调节剂，可发生如右图所示的一系列化学反应，其中①②③属于同种反应类型。根据右图回答下列问题：

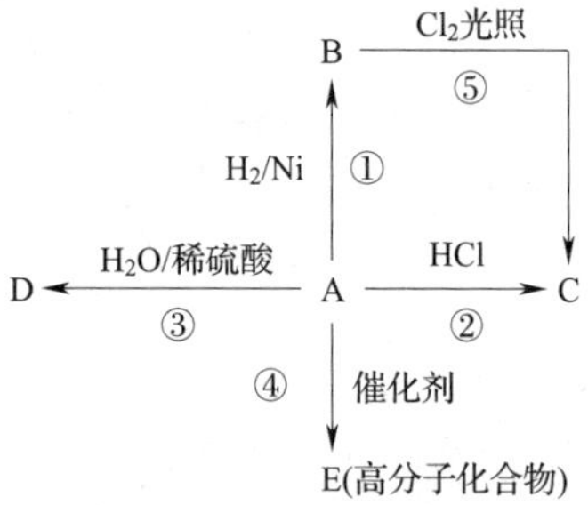

（1）写出A、B、C、D、E的结构简式：

A ________，B ________，C ________，D ________，E ____________。

（2）写出②、⑤两步反应的化学方程式，并注明反应类型：

②____________________，反应类型________；

⑤____________________，反应类型________。

6. 根据乙烯的实验室制法填写下列空格：

(1) 写出制乙烯反应的化学方程式，并注明反应条件：______________________________________。

(2) 在反应过程中，浓硫酸起____________________的作用。

(3) 烧瓶里放入几片碎瓷片的目的是____________________。

(4) 实验装置中温度计的水银球应位于____________________。

(5) 加热时，应使反应混合液的温度迅速升高到 170 ℃，其原因是____________。

7. 用电石和水反应，产生的乙炔中含有 H_2S 等杂质。某学生拟选用 NaOH 溶液、$KMnO_4$溶液、$CuSO_4$溶液中的一种除去 H_2S 杂质，经研究最后确定选用 $CuSO_4$溶液。试回答下列问题：

(1) 选用 NaOH 溶液的理由是________________________________，排除选用 NaOH 溶液的可能原因是________________________________。

(2) 选用 $KMnO_4$溶液的理由是________________________________，排除选用 $KMnO_4$溶液的可能原因是________________________________。

(3) 选用 $CuSO_4$溶液的理由是________________________________，最后确定选用 $CuSO_4$溶液的主要原因是______________________________。

(4) 可以代替 $CuSO_4$溶液的其他试剂可以是________溶液（只需写出一种）。

8. 己烯、己烷、苯和甲苯均为无色液态，从中选出符合下列各题要求的物质。

(1) 不能与溴水或酸性 $KMnO_4$溶液反应，但在铁屑作用下能与液溴反应的是______，生成的有机物名称是________，反应的化学方程式为____________________，此反应属于______反应。

(2) 不能与溴水或酸性 $KMnO_4$溶液反应的是______。

(3) 能与溴水或酸性 $KMnO_4$溶液反应的是______。

(4) 不与溴水反应但与酸性 $KMnO_4$溶液反应的是______。

二、选择题

1. 下列物质属于烃的是________________；属于有机物的是____________。

A. H_2S　B. C_2H_2　C. CH_3Cl　D. C_2H_5OH　E. CH_4　F. H_2　G. 金刚石　H. CH_3COOH　I. CO_2　J. C_2H_4

2. 不属于有机物特点的是（　　）。

A. 大多数有机物难溶于水，易溶于有机溶剂

B. 有机物反应比较复杂，一般反应较慢

C. 绝大多数有机物受热不易分解，而且不易燃烧

D. 绝大多数有机物是非电解质，不易导电、熔点低

3. 光照对下列反应几乎没有影响的是（　　）。

A. 氯气和氢气反应　　B. 氯气和甲烷反应

C. 甲烷和氧气反应　　D. 次氯酸分解

4. 下列有关说法不正确的是（　　）。

A. 互为同系物的有机物其组成元素相同，且结构必然相同

B. 分子组成相差一个或若干个 CH_2 原子团的化合物一定互为同系物

C. 分子式为 C_3H_8 与 C_6H_{14} 的两种有机物一定互为同系物

D. 互为同系物的有机物其相对分子质量数值一定相差 $14n$（n 为正整数）

5. 某有机物在氧气里充分燃烧生成 CO_2 和 H_2O 的物质的量之比为 1∶1，可以得出该有机物（　　）。

A. 分子中 C、H、O 的个数比为 1∶2∶3　　B. 分子中 C 和 H 的个数比为 1∶2

C. 分子中肯定不含氧原子　　D. 分子中肯定含有氧原子

6. 下列分析中正确的是（　　）。

A. 含有碳元素的化合物不一定是有机化合物

B. 如果某烷烃（饱和链烃）的分子式为 C_nH_{2n+2}，则其分子中非极性键总数为（$n-1$）个

C. $CH_3-\underset{\substack{|\\CH_3}}{\overset{\substack{CH_3\\|}}{C}}-CH_2-CH_3$ 与 $CH_3-\underset{\substack{|\\CH_3}}{CH}-\underset{\substack{|\\CH_3}}{CH}-CH_3$ 互为同系物

D. 烷烃在任何情况下均不与强酸、强碱、强氧化剂反应

7. 验证某有机物是否属于烃，应完成的实验内容是（　　）。

A. 测定它的 C、H 原子数之比

B. 只要证明它完全燃烧后产物只有 CO_2 的 H_2O

C. 测定其燃烧产物中 CO_2 的 H_2O 的物质的量之比

D. 测定该试样的质量及试样完全燃烧后生成 CO_2 的 H_2O 的质量

8. 下列物质中互为同系物的有________，互为同分异构体的有________，互为同素异形体的有________，属于同位素的有________，是同一种物质的有________。

（1）液氯　（2）$CH_3-\underset{\substack{|\\CH_3}}{CH}-CH_3$　（3）白磷　（4）氯气　（5）$CH_3-\underset{\substack{|\\CH_3}}{CH}-CH_2-CH_3$

（6）2，2-二甲基丁烷　（7）氯水　（8）$CH_3-\underset{\substack{|\\CH_3}}{CH}-\underset{\substack{|\\CH_3}}{CH}-CH_3$　（9）${}^{35}_{17}Cl$

（10）$CH_3-CH_2-\underset{\substack{|\\CH_3}}{\overset{\substack{CH_3\\|}}{C}}-CH_3$　（11）${}^{37}_{17}Cl$　（12）红磷

9. 对于 CH_2Cl_2 的叙述不正确的是（　　）。

A. 有两种同分异构体　　B. 常温下是液体

C. 不溶于水　　D. 是极性分子

10. 天然气、液化石油气燃烧的化学方程式分别为 $CH_4+2O_2\xrightarrow{点燃}CO_2+2H_2O$ 和 $C_3H_8+5O_2\xrightarrow{点燃}3CO_2+4H_2O$。现有一套以天然气为燃料的灶具，改为液化石油气，应采用的正确措

施是（　　）。

A. 两种气体进入量都减少　　B. 增大空气进入量或减少液化气进入量

C. 两种气体进入量都增大　　D. 减少空气进入量或增大液化气进入量

11. 下列说法不正确的是（　　）。

A. 煤矿的矿井里常有甲烷（瓦斯）逸出，要采取通风、严禁烟火等措施

B. 点燃可燃性气体前无须验纯

C. 沼气的应用对解决农村燃料、改善环境、发展农业生产有重要意义

D. 自然界中的甲烷主要是由动植物残体在隔绝空气的情况下分解生成的

12. 通常用来衡量一个国家石油化工发展水平的标志是（　　）。

A. 石油的产量　B. 乙烯的产量　C. 塑料的产量　D. 合成纤维的产量

13. 下列各组物质在一定条件下反应，可以制得较纯净的1，2-二氯乙烷的是（　　）。

A. 乙烷与氯气混合　　B. 乙烯与氯化氢气体混合

C. 乙烯与氯气混合　　D. 乙烯通入浓盐酸

14. 对比甲烷和乙烯的燃烧反应，下列叙述中正确的是（　　）。

A. 二者燃烧时现象完全相同

B. 点燃前都无须验纯

C. 甲烷燃烧的火焰呈淡蓝色，乙烯燃烧的火焰较明亮

D. 二者燃烧时都有黑烟生成

15. 能证明乙烯里含有一个碳碳双键的事实是（　　）。

A. 乙烯能使酸性 $KMnO_4$ 溶液褪色

B. 乙烯分子里碳、氢原子个数比为1∶2

C. 乙烯完全燃烧生成的 CO_2 和 H_2O 的物质的量相等

D. 乙烯容易与溴水发生加成反应，且1 mol乙烯完全反应会消耗1 mol溴单质

16. 下列物质不能用加成反应制取的是（　　）。

A. CH_2Cl_2　B. CH_3CH_2Cl　C. CH_3CH_2OH　D. CH_2ClCH_2Cl

17. 乙烯中混有 SO_2 气体，欲除去 SO_2，得到较纯净的乙烯，最好依次通过（　　）试剂的洗气瓶。

A. 酸性 $KMnO_4$ 溶液、浓 H_2SO_4　　B. 溴水、浓 H_2SO_4

C. 浓 H_2SO_4、酸性 $KMnO_4$ 溶液　　D. NaOH溶液、浓 H_2SO_4

18. 下列操作中能用来鉴别甲烷和乙烯的是（　　）。

A. 通入溴水中　　B. 通入水中

C. 通入氢氧化钠溶液中　　D. 通入硫酸溶液中

19. 下列变化中发生加成反应的是（　　）。

A. 氯气与甲烷混合见光　　B. 戊烯与溴水混合

C. 乙烯通入酸性 $KMnO_4$ 溶液　　D. 丙烷与氧气混合点燃

20. 盛溴水的玻璃瓶中通入乙烯后，质量增加了7 g，此时生成1，2-二溴乙烷的质量是（　　）g。

A. 7　B. 47　C. 90　D. 94

21. 一种气态烷烃和一种气态烯烃，它们每个分子里的碳原子数相同，取这两种烃的混

合气体 1 L 在氧气中充分燃烧，生成 2 L CO_2 和 2.4 L 水蒸气（体积均在同温同压下测定），则混合气体中烷烃和烯烃的体积比是（　　）。

A. 1∶1　　B. 2∶3　　C. 3∶2　　D. 3∶1

22. 下列关于炔烃的叙述正确的是（　　）。

A. 分子里含有碳碳三键的不饱和链烃叫炔烃

B. 炔烃分子里的所有碳原子都在同一条直线上

C. 炔烃易发生加成反应，也易发生取代反应

D. 炔烃可以使溴水褪色，也可以使酸性高锰酸钾溶液褪色

23. 利用碳化钙与水反应制取乙炔的过程中不用启普发生器作为气体发生装置的原因是（　　）。

A. 乙炔易溶于水　　B. 块状的碳化钙遇水成为糊状物

C. 碳化钙与水反应很剧烈，大量放热　　D. 乙炔是可燃性气体

24. 用乙炔原料制取 $CH_2Br-CHBrCl$，可行的反应途径是（　　）。

A. 先加 Cl_2，再加 Br_2　　B. 先加 Cl_2，再加 HBr

C. 先加 HCl，再加 HBr　　D. 先加 HCl，再加 Br_2

25. 下列各组中的物质相互反应，能产生可燃性气体的是（　　）。

A. 氧化钠和水　　B. 过氧化钠和水　　C. 电石和水　　D. 氧化钙和水

26. 下列事实中，能说明苯与一般烯烃在性质上有很大差别的是（　　）。

A. 苯不与溴水发生加成反应　　B. 苯不能被酸性 $KMnO_4$ 溶液氧化

C. 1 mol 苯能与 3 mol H_2 发生加成反应　　D. 苯能够燃烧产生浓烟

27. 下列说法错误的是（　　）。

A. 苯环的碳碳键键长都相等

B. 一个苯分子中含有三个碳碳单键和三个碳碳双键

C. 苯分子中各个键角都是 120°

D. 常温下苯是一种不溶于水且密度小于水的液体

28. 下列有机物不能使 Br_2 的 CCl_4 溶液褪色，却能使酸性 $KMnO_4$ 溶液褪色的是（　　）。

A. 苯　　B. 己烯　　C. 己烷　　D. 甲苯

29. 下列有关甲苯的实验事实中，能说明苯环对侧链性质产生影响的是（　　）。

A. 甲苯燃烧产生带浓烟的火焰　　B. 甲苯能使酸性 $KMnO_4$ 溶液褪色

C. 甲苯的硝化反应生成三硝基甲苯　　D. 甲苯能与 H_2 发生加成反应

30. 下列化合物分别与溴在铁粉作催化剂的条件下反应，苯环上的氢原子被取代，所得一溴代物有三种同分异构体的是（　　）。

A. C_2H_5　　B. CH_3 CH_3

C. CH_3 CH_3　　D. CH_3 CH_3

三、判断题

1. 化学性质相似的有机物是同系物。 (　　)
2. 分子组成相差一个或几个 CH_2 原子团的有机物是同系物。 (　　)
3. 若烃中碳氢元素的质量分数相同，它们必定是同系物。 (　　)
4. 互为同分异构体的两种有机物的物理性质有差别，但化学性质必定相似。 (　　)
5. 实验室可以用排水法收集甲烷。 (　　)
6. 只有纯净的甲烷可以在空气中安静地燃烧。 (　　)
7. 甲烷与氯水发生取代反应。 (　　)
8. 甲烷在空气中燃烧只生成二氧化碳和水。 (　　)
9. 含有元素种类相同而结构不同的化合物互为同分异构体。 (　　)
10. 某有机物完全燃烧后生成二氧化碳和水，说明该有机物中一定含有碳、氢、氧三种元素。 (　　)
11. 甲烷与氯气的混合气体在光照下发生反应，生成的是一氯甲烷和氯化氢。 (　　)
12. 乙烯与氯气发生加成反应的产物的结构简式一定是 $CH_2Cl—CH_2Cl$。 (　　)
13. 甲苯和苯是同系物，苯不能使酸性高锰酸钾溶液褪色，甲苯也不能。 (　　)
14. 天然气、沼气、瓦斯气的主要成分都是甲烷。 (　　)
15. 氧炔焰的温度很高是由于乙炔中含碳量高而含氢较少。 (　　)

四、问答题

1. 下列有机物命名是否正确？如不正确请加以改正。

(1) 3，3-二甲基丁烷

(2) 2，2-二甲基丁烷

(3) 2-乙基丁烷

(4) 2，3，3-三甲基丁烷

2. 指出下列烷烃命名错误的原因，并加以改正。

$CH_3—C(CH_3)_2—CH_2—CH(CH_2CH_3)—CH_3$ （C 上连两个 CH_3，CH 上连 $CH_2—CH_3$）

$CH_3—CH(CH_2CH_3)—CH(CH_3)—CH_2—CH_3$ （第二个碳上连 $CH_2—CH_3$，第三个碳上连 CH_3）

错误名称：3，5，5-三甲基己烷　　　　错误名称：3-甲基-2-乙基戊烷

错误原因：________________，错误原因：________________，

正确命名：________________。正确命名：________________。

3. 用系统命名法写出下列物质的名称：

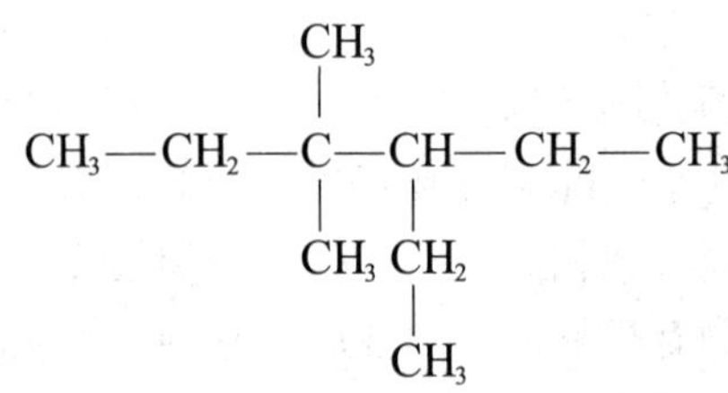

4. 在实验室里制取乙烯时，常因温度过高而发生副反应，部分乙醇与浓 H_2SO_4 反应生成 SO_2、CO_2、水蒸气和炭黑。

（1）用编号为①→④的实验装置设计一个实验，以验证上述反应混合气体中含 CO_2、SO_2 和水蒸气。装置的连接顺序为（按产物气流从左到右的流向）：______→______→______→______。

（2）实验的装置①中 A 瓶的现象是________，结论为____________。B 瓶中的现象是________，B 瓶溶液作用为________。若 C 瓶中品红溶液不褪色，可得到结论为____________。

（3）装置③中加的固体药品是________，用以验证混合气体中有________。装置②中盛的溶液是________，用以验证混合气体中有______。

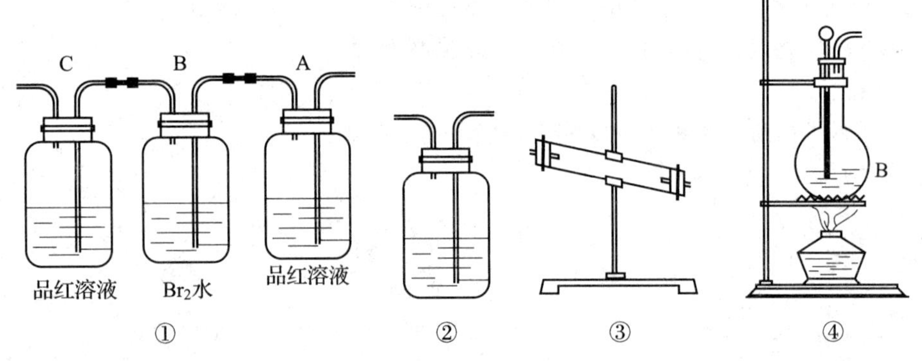

5. 已知苯的同系物能使酸性 $KMnO_4$ 溶液褪色，但烃基上与苯环直接相连的碳原子不结合氢时不能被氧化。现有某苯的同系物 X（分子式为 $C_{11}H_{16}$），其分子中苯环上只连有一个烃基，且它能使酸性 $KMnO_4$ 溶液褪色，则其可能的结构共有 7 种，其中 3 种是：

C_6H_5—$CH_2(CH_2)_3CH_3$　　C_6H_5—$CH(CH_3)(CH_2)_2CH_3$　　C_6H_5—$CH_2CH(CH_3)CH_2CH_3$

请写出另外 4 种的结构简式：________，________，________，________。

6. 实验室用苯和浓硝酸、浓硫酸发生反应制取硝基苯的装置如下图所示。回答下列问题：

（1）反应需在 50～60 ℃的温度下进行，图中给反应物加热的方法是______，其优点是________和________。

（2）在配制混合酸时应将______加入______中。

（3）该反应的化学方程式是____________。

（4）反应完毕后，除去混合酸，所得粗产品用如下操作精制：

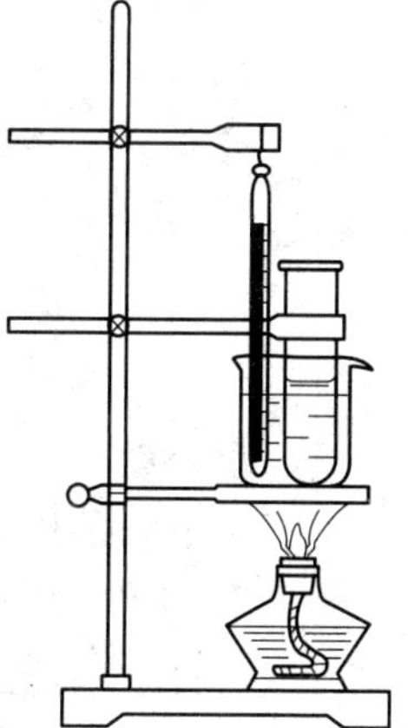

①蒸馏，②水洗，③用干燥剂干燥，④用 10％NaOH 溶液洗，⑤水洗。正确的操作顺序是__________。

A. ①②③④⑤　　　　B. ②④⑤③①

C. ④②③①⑤　　　　D. ②④①⑤③

7. 用电石、食盐、水为原料制取聚氯乙烯，写出有关的化学反应方程式。

8. 在实验室如何鉴别甲烷、氢气、一氧化碳这三种无色气体？

第8章　烃的衍生物

一、填空题

1. 下列物质中，与钠反应放出氢气的是________，能够使蓝色石蕊试纸变红的是______，能够作为预防流行性感冒的消毒剂的是______，能够作为麻醉剂的是______。

①乙酸　②乙醛　③乙醇　④苯酚　⑤乙醚

2. 把一端弯成螺旋状的铜丝放在酒精灯外焰部分加热，可以看到铜丝表面变________色，这是因为生成了________。趁热将它插入盛乙醇的试管中，发现铜丝表面变成________色，并有________气味的物质生成，反应的化学方程式为________________，该反应属于________反应类型。

3. 有机物A是呈中性的液体，该液体与金属钠反应放出氢气。在A中加入浓硫酸并加热，生成气态烃B，B对氢气的相对密度为21。将B通入溴水，溴水褪色同时生成无色油状液体C，则B的结构简式为________，C的结构简式为________。

4. 酒后驾车的司机，可通过对其呼出的气体进行检验而查出，所利用的化学反应如下：$2CrO_3$（红色）$+3C_2H_5OH+3H_2SO_4=Cr_2(SO_4)_3$（绿色）$+3CH_3CHO+6H_2O$，被检测的气体成分是________，上述反应的氧化剂是________，还原剂是________。

5. 苯酚和苯都可以与溴发生取代反应，化学方程式分别是________________________，________________________；苯酚在水中的电离方程式是________________________；苯酚钠溶液与二氧化碳反应的离子方程式为________________________。

6. 已知$CH_2=CH—CH_3$水化时，水分子中的氢原子主要加在含氢较多的不饱和碳原子上，则丙烯水合的产物主要为______，产物再催化氧化得__________。（写结构简式）

7. 1 mol有机物，充分燃烧后生成2 mol CO_2和3 mol H_2O。此有机物可能是____________、____________、____________、____________。（写结构简式）

8. 有4种相同浓度的溶液 ①蚁酸，②碳酸，③乙酸，④石炭酸，它们的酸性由强到弱的顺序是________________________。

9. 要除去下面每组括号中的少量杂质，在横线上写出所用试剂和操作方法：

（1）乙酸乙酯（乙酸）____________，____________________________________。

（2）乙醛（乙酸）____________，____________________________________。

10. 某有机物的结构简式为HOOC—CH$=$CHOH。

（1）请你写出该有机物官能团的名称：________________、________________、________________。

（2）验证该有机物中含有—COOH官能团常采用的方法是________________________，产生的现象为____________________________________。

（3）验证该有机物中含有—C$=$C—官能团常采用的方法是________________________，产生的现象为____________________________________。

二、选择题

1. 可以证明酒精中含有水的物质是（　　）。

   A. 生石灰　　B. 浓硫酸　　C. 无水硫酸铜　　D. 金属钠

2. 下列物质在水中最难电离的是（　　）。

   A. CH_3COOH　　B. CH_3CH_2OH　　C. H_2CO_3　　D. C_6H_5OH

3. 相同物质的量浓度的下列物质的稀溶液中，pH 最小的是（　　）。

   A. 乙醇　　B. 乙酸　　C. 氯化钠　　D. 碳酸

4. 乙醇与甲醚互为同分异构体，下列事实中，能说明二者结构式不同的是（　　）。

   A. 乙醇易溶于水，甲醚不溶于水

   B. 在 1 份乙醇中加入 6 份浓硫酸，当加热到 140 ℃时生成甲醚

   C. 乙醇跟金属钠反应放出氢气，甲醚则不能

   D. 甲醚比乙醇更易溶于油脂类物质中

5. 禁止用工业酒精配制饮料，是因为工业酒精中含有少量会使人中毒的（　　）。

   A. 甲醇　　B. 乙酸　　C. 乙酸乙酯　　D. 甘油

6. 下列各组物质中，互为同系物的是（　　）。

   A. 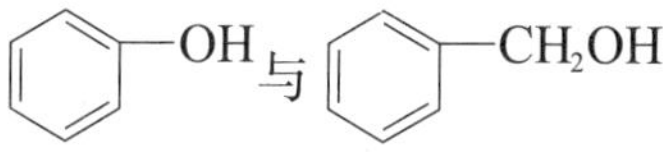 —OH 与 —CH_2OH　　B. 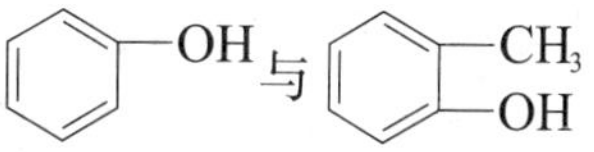 —OH 与 —CH_3 —OH

   C. 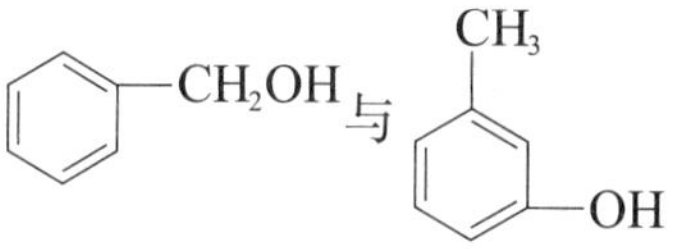 —CH_2OH 与 CH_3 —OH　　D. 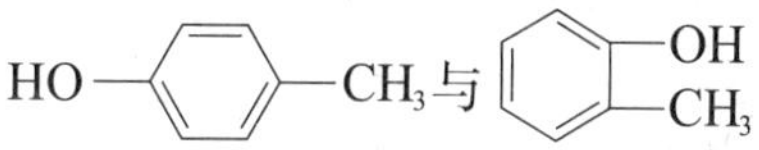 HO— —CH_3 与 —OH —CH_3

7. 苯酚有毒且有腐蚀性，使用时若不慎溅到皮肤上，可用来洗涤的试剂是（　　）。

   A. 酒精　　B. $NaHCO_3$溶液　　C. 65 ℃以上的水　　D. 冷水

8. 下列实验中，能证明苯酚的酸性极弱的是（　　）。

   A. 与氢氧化钠溶反应生成苯酚钠

   B. 与 $FeCl_3$溶液作用显紫色

   C. 二氧化碳通入苯酚钠溶液能游离出苯酚

   D. 常温下苯酚在水中溶解度不大

9. 下列物质中不能和溴水发生反应的是（　　）。

   A. 苯酚溶液　　B. 苯乙烯　　C. 碘化钾溶液　　D. 甲苯

10. 炒菜时加酒、加醋可使菜变得味香可口，原因是（　　）。

    A. 有盐类物质生成　　B. 有酸类物质生成

    C. 有醇类物质生成　　D. 有酯类物质生成

11. 下列溶液中，通入过量的 CO_2后，溶液变浑浊的是（　　）。

    A. 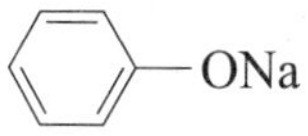 —ONa　　B. C_2H_5OH

    C. $Ca(OH)_2$　　D. $Ca(HCO_3)_2$

12. A、B 两种有机物组成混合物，当混合物质量相等时，无论 A、B 以何种比例混合，完全燃烧产生 CO_2的量均相等。符合这一条件的是（　　）。

    ①同分异构体　②同系物　③具有相同的最简式　④含碳的质量分数相同

A. ①②③　　　B. ②③④　　　C. ①③④　　　D. ①②③④

13. 白酒、食醋、蔗糖、淀粉等均为家庭厨房中常用的物质，利用这些物质能完成下列实验的是（　　）。

①检验自来水中是否含氯离子　②鉴别食盐和小苏打　③检验蛋壳能否溶于酸　④检验白酒中是否含甲醇

A. ①②　　　B. ①④　　　C. ②③　　　D. ③④

14. 室内装潢和家具挥发出来的甲醛是室内空气的主要污染物。甲醛易溶于水，常温下有强烈刺激性气味，沸点－21 ℃，当温度升高时，挥发速度加快。根据甲醛的这些性质，下列做法错误的是（　　）。

A. 入住前房间内保持一定湿度并通风

B. 装修尽可能选择在温度较高的季节

C. 请环境监测单位检测，当室内甲醛含量低于国家标准后入住

D. 紧闭门窗一段时间后入住

15. 只用一种试剂就可以区分乙醇、乙酸、乙醛三种物质，则该种试剂是（　　）。

A. 银氨溶液　　　B. 浓溴水

C. 新制的氢氧化铜悬浊液　　　D. 三氯化铁溶液

16. 某有机物的氧化产物甲和还原产物乙都能与金属钠反应放出 H_2，甲、乙反应可生成丙，甲、丙都能发生银镜反应，此有机物是（　　）。

A. 甲醛　　　B. 乙醛　　　C. 甲酸　　　D. 乙酸

17. 甲酸具有下列性质：

A. 挥发性　　　B. 酸性　　　C. 比碳酸的酸性强

D. 还原性　　　E. 能发生酯化反应

就下列各实验，分别填写表现甲酸相应性质的编号：

(1) 在碳酸钠溶液中加入甲酸后有气体放出，说明甲酸具有（　　）。

(2) 在甲酸钠晶体中加入浓磷酸，加热后放出能使湿润蓝色石蕊试纸变红的气体，说明甲酸具有（　　）。

(3) 与乙醇、浓硫酸混合后共热，能闻到一种香味，说明甲酸具有（　　）。

(4) 在甲酸溶液中加入氢氧化铜，能看到溶液变蓝色，说明甲酸具有（　　）。

(5) 在新制氢氧化铜中加入甲酸溶液，加热看到有红色沉淀生成，说明甲酸具有（　　）。

18. 除去乙酸乙酯中含有的乙酸，最好的处理和操作是（　　）。

A. 蒸馏　　　B. 水洗后分液

C. 用过量饱和碳酸钠溶液洗涤后分液　D. 用过量氢氧化钠溶液洗涤后分液

19. 实验室用乙酸、乙醇、浓 H_2SO_4 制取乙酸乙酯，加热蒸馏后，在饱和 Na_2CO_3 溶液上面得到无色油状液体，当振荡混合时，有气泡产生，原因是（　　）。

A. 产品中有被蒸馏出的 H_2SO_4

B. 有部分未反应的乙醇被蒸馏出来

C. 有部分未反应的乙酸被蒸馏出来

D. 有部分乙醇与浓 H_2SO_4 作用生成乙烯

20. 丙烯酸的结构简式为 $CH_2=CH-COOH$，其对应的性质中不正确的是（　　）。

A. 与钠反应放出氢气　　B. 与新制的 $Cu(OH)_2$ 悬浊液反应

C. 能与溴水发生取代反应　　D. 发生相互加成反应生成高分子化合物

三、判断题

1. 乙醇和浓硫酸的混合液加热时，随着温度的升高开始生成乙醚，然后生成乙烯。（　　）

2. 甲醇毒性大，误饮能使眼睛失明甚至中毒死亡。（　　）

3. 苯酚的酸性比碳酸弱，它不能使紫色的石蕊试液变红。（　　）

4. 污水中含有少量的苯酚，可以用溴水检验。（　　）

5. 甲酸中含有醛基，因此甲酸、甲酸酯都能够发生银镜反应。（　　）

6. 丙酮是一种良好的有机溶剂，指甲油中含有大量的丙酮，可以用指甲油修补破损的丝袜。（　　）

7. 甲醛具有防腐作用，可以用甲醛浸泡干肉皮等水发产品，延长其保质期。（　　）

8. 酒越存越香，是因为酒在微生物作用下生成了酯。（　　）

四、问答题

1. 分子中含有碳、氢、氧三种元素的链烃的衍生物，已经学过的有醇、醚、醛、酮、羧酸、酯等几类，试写出各类物质中含有三个碳原子的物质的结构简式、名称，并指出哪些互为同分异构体。

2. 怎样用化学方法区别乙醇、乙醛和乙酸三种溶液？写出步骤及有关现象。

3. 怎样完成下列物质间的转换？写出有关化学方程式。

乙醚←乙醇 $\rightleftharpoons$ 乙醛→乙酸 $\rightleftharpoons$ 乙酸乙酯

4. 蚂蚁、蜂、隐翅虫等昆虫的分泌液中含有蚁酸（甲酸），当被叮咬后疼痒难耐，如果涂一点稀的氨水可以止疼止痒，这是为什么？还可以涂抹什么止痒？

5. 下列是一些物质的名称或结构式，按照物质的用途找出对应关系。

(a) HCHO	(1) 可作为果实催熟剂的是________
(b) CCl_4	(2) 用于气焊和气割的是________
(c) CH_3OH	(3) 可用于浸制生物标本的是________
(d) 甘油	(4) 高效的灭火剂是________
(e) 三硝基甲苯	(5) 可制炸药、药品，可做防冻剂、润滑剂的是________
(f) $CH_2=CH_2$	(6) 工业酒精中含有的少量能够使人中毒的是________
(g) $CH\equiv CH$	(7) 食醋中含有的主要物质是________
(h) HCOOH	(8) 一种烈性炸药是________
(i) CH_3COOH	(9) 蚂蚁等昆虫分泌物中含有的酸是________

6. 某课外小组设计的实验室制取乙酸乙酯的装置如右图所示，A 中放有浓硫酸，B 中放有乙醇、无水醋酸钠，D 中放有饱和碳酸钠溶液。

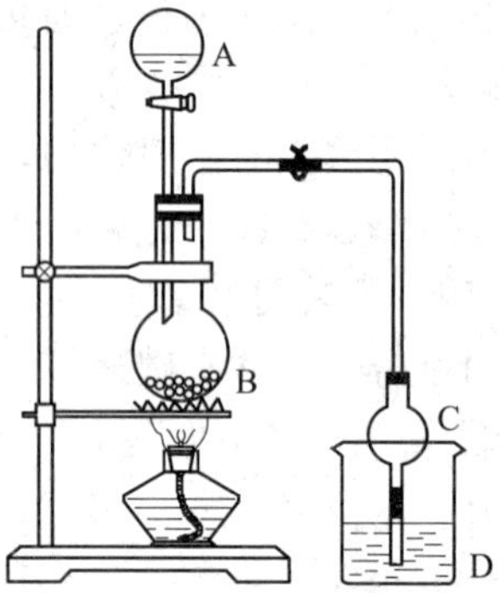

已知：①无水氯化钙可以与乙醇形成难溶于水的 $CaCl_2\cdot 6C_2H_5OH$。

②有关有机物的沸点：

乙醇　78.5 ℃　乙酸　117.9 ℃　乙醚　34.5 ℃　乙酸乙酯　77 ℃

请回答：

(1) 浓硫酸的作用：________________；饱和碳酸钠溶液的作用：________________。

(2) 用球形干燥管代替长导管，并将干燥管的末端插入了饱和碳酸钠溶液中，在此处球形干燥管的作用有：①________________，②________________，反应结束后 D 中的现象是________________。

(3) 该小组同学在实验时采取了加入过量乙醇的方法，目的是________________，同时慢慢滴加浓硫酸并加热蒸馏，原因是________________。

(4) 实验生成的乙酸乙酯，其密度比水____（填“大”或“小”），有________气味。从 D 中分离出的乙酸乙酯中常含有一定量的乙醇、乙醚和水。先加入__________（此空从下列选项中选择），分离出乙醇和水，再加入无水硫酸钠，然后进行蒸馏，收集 77 ℃左右的馏分，以得到较纯净的乙酸乙酯。

A. 五氧化二磷　　B. 碱石灰　　C. 无水氯化钙　　D. 生石灰

第9章　营养物质和高分子材料

一、填空题

1. 根据糖能否水解和水解后生成的物质，糖可以分为________、________和________三大类。

2. 葡萄糖能够发生银镜反应，也能够与新制的氢氧化铜反应生成红色沉淀，这说明葡萄糖具有________的性质，分子里含有________官能团。果糖是一种多羟基________，分子中含有________基，没有________基，但在碱性条件下可以转化为________基，因此也能够发生________反应。

3. 淀粉与碘单质作用显______色，此反应特效、灵敏，常用此法检验淀粉或碘单质。

4. ________和__________统称为油脂，其结构表示为____________________。油脂密度比水______，不溶于______，易溶于________，是__________，因此没有固定的熔点和沸点。

5. 液态油脂生成固态油脂，要在__________条件下，用油与______________反应。

6. 食物中的营养物质主要包括________、________、__________、维生素、无机盐和水。

7. 蛋白质、淀粉、脂肪是三种重要的营养物质，其中__________不是天然有机高分子化合物。这三种物质水解的最终产物分别是：蛋白质→____________，淀粉→__________，脂肪→__________。

8. 在蛋白质溶液中加入饱和食盐水，可使蛋白质从溶液中析出，这种作用叫作________；在蛋白质溶液中加入$HgCl_2$溶液，蛋白质会__________，这种变化叫作____________。

9. 有些蛋白质遇浓硝酸会变成__________色；淀粉遇碘水变成________色。

10. 在粘胶纤维、棉花、尼龙、涤纶、腈纶、羊毛中，属于天然纤维的是____________；属于人造纤维的是____________；属于合成纤维的是____________。

11. 通常所说的高分子三大合成材料是指____________、____________、____________。

12. 新科技革命的三大支柱是____________、____________、____________。

二、选择题

1. 葡萄糖作为单糖的基本根据是(　　)。

　　A. 它具有较小的分子量　　B. 它不能水解成更简单的糖

　　C. 它所含有的碳原子数很少　　D. 它是一种结构简单的多羟基醛

2. 下列有机物在酸性催化条件下发生水解反应，生成两种不同的有机物，且这两种有机物的相对分子质量相等，该有机物是(　　)。

　　A. 蔗糖　　B. 麦芽糖　　C. 丙酸丙酯　　D. 丙酸乙酯

3. 葡萄糖在人体内发生的主要化学反应是（　　）。

A. 加成反应　B. 聚合反应　C. 水解反应　D. 氧化反应

4. 下列各糖能发生水解，且属于还原性糖的是（　　）。

A. 葡萄糖　B. 蔗糖　C. 麦芽糖　D. 纤维素

5. 葡萄糖、乙酸、甲酸和乙醇可用一种试剂加以鉴别，这种试剂是（　　）。

A. 银氨溶液　B. Na_2CO_3溶液

C. 水　D. 新制 Cu（OH）$_2$悬浊液

6. 糖类、脂肪和蛋白质是维持人体生命活动所必需的三大营养物质。以下叙述正确的是（　　）。

A. 植物油不能使溴的四氯化碳溶液褪色

B. 淀粉水解的最终产物是葡萄糖

C. 葡萄糖能发生氧化反应和水解反应

D. 果糖分子结构不含醛基，故其无法发生银镜反应

7. 下列实验事实能用同一原理解释的是（　　）。

A. SO_2、Cl_2均能使品红溶液褪色

B. NH_4Cl 晶体、固态碘受热时均能变成气体

C. 福尔马林、葡萄糖与新制 $Cu(OH)_2$共热均有红色沉淀生成

D. 苯酚、乙烯均能使溴水褪色

8. 下列各物质中，不能发生银镜反应的是（　　）。

A. 葡萄糖　B. 麦芽糖　C. 甲酸钠　D. 蔗糖

9. 从商场购买的蔗糖配成溶液，做银镜反应实验，往往得到银镜，产生这一现象的原因是（　　）。

A. 蔗糖本身有还原性　B. 做本实验过程中蔗糖发生水解

C. 蔗糖被还原　D. 在生产和贮存过程中，蔗糖部分水解

10. 下列关于蛋白质的叙述正确的是（　　）。

A. 鸡蛋黄的主要成分是蛋白质

B. 鸡蛋生食营养价值更高

C. 鸡蛋白遇碘变蓝色

D. 蛋白质水解最终产物是氨基酸

11. 下列物质的元素组成与其他的不同的是（　　）。

A. 蛋白质　B. 糖类　C. 油脂　D. 淀粉

12. 下列关于蛋白质的叙述中正确的是（　　）。

A. 蛋白质溶液里加入（NH_4）$_2SO_4$溶液可提纯蛋白质

B. 温度越高，酶对某些反应的催化效率越高

C. 重金属盐使蛋白质变性，所以吞服“钡餐”会引起中毒

D. 任何结构的蛋白质遇到浓硝酸都会变成黄色

13. 下列物质可以使蛋白质变性的是（　　）。

①福尔马林　②酒精　③高锰酸钾溶液　④硫酸铵　⑤硫酸铜　⑥双氧水　⑦硝酸

A. 除④⑦外　B. 除③⑥外　C. ①②⑤　D. 除④外

14. 能够把淀粉溶液和蛋白质溶液区分开来的方法是（　　）。

A. 各取少许，分别加入几滴碘酒

B. 各取少许，分别加入几滴石蕊

C. 各取少许，分别加入几滴酚酞

D. 各取少许，分别加入几滴淀粉碘化钾溶液

15. 某期刊封面上有一个分子的球棍模型，如右图所示。图中“棍”代表单键、双键或三键，不同颜色的球代表不同元素的原子，该模型可代表一种（　　）。

A. 卤代羧酸　　B. 醋

C. 氨基酸　　D. 醇钠

16. 区别棉花和羊毛最简单的方法是（　　）。

A. 加浓硝酸微热　　B. 浸入水中看是否溶解

C. 加碘水看是否变蓝　　D. 在火上灼烧闻气味

17. 油脂和蛋白质都是维持人体生命活动所必需的营养物质，以下叙述正确的是（　　）。

A. 油脂和蛋白质都是天然高分子有机化合物

B. 油脂和蛋白质都能发生水解反应

C. 油脂和蛋白质都有固定的熔沸点

D. 油脂和蛋白质都不能使溴水褪色

18. 油脂水解后的一种共同产物是（　　）。

A. 硬脂酸　　B. 甘油　　C. 软脂酸　　D. 油酸

19. 硬水使肥皂去污力减弱甚至失效，这是由于发生了（　　）。

A. 水解反应　　B. 沉淀反应　　C. 皂化反应　　D. 酯化反应

20. 油脂酸甘油酯在硫酸存在时水解的反应方程式为

$$\begin{array}{l} C_{17}H_{33}COOCH_2 \\ \quad\quad\quad\quad | \\ C_{17}H_{33}COOCH \\ \quad\quad\quad\quad | \\ C_{17}H_{33}COOCH_2 \end{array} + H_2O \xrightarrow[\triangle]{\text{浓硫酸}} 3C_{17}H_{33}COOH + \begin{array}{l} CH_2OH \\ | \\ CHOH \\ | \\ CH_2OH \end{array}$$

据此，下列说法正确的是（　　）。

A. 上述水解反应也是取代反应或皂化反应

B. $C_{17}H_{33}COOH$ 属乙酸的同系物

C. 甘油是乙醇的同系物

D. 油脂酸甘油酯、油酸在一定条件下可以与氢发生加成反应

21. 焚烧下列物质，严重污染大气的是（　　）。

A. 聚氯乙烯　　B. 聚乙烯　　C. 聚丙烯　　D. 有机玻璃

22. 下列有关新型高分子材料应用的说法不正确的是（　　）。

A. 高分子膜利用其选择性透过能力，可用于海水淡化、污染控制、物质制取与回收等

B. 作为医用高分子材料制人造器官，必须考虑其与人体的相容性和力学性能

C. 新型聚乙烯醇高吸水性高分子，具有与水生成易挥发物的特性，可用以制造纸尿裤

D. 新材料研究正向智能化、多功能的方向发展

23. 下列说法不正确的是（　　）。

A. 从实验中测得某种高分子的相对分子质量只能是平均值

B. 线型结构的高分子也可以带支链

C. 高分子化合物不溶于任何试剂

D. 高分子化合物一般不易导电

24. 下列原料或制品中，若出现破损不可以进行修补的是（　　）。

A. 聚氯乙烯凉鞋　　B. 电木插座

C. 自行车内胎　　D. 聚乙烯塑料膜

25. 下述对乙烯和聚乙烯的描述不正确的是（　　）。

A. 乙烯性质比聚乙烯活泼

B. 乙烯是纯净物，常温下为气态；聚乙烯为固态，是混合物

C. 取等物质的量的乙烯和聚乙烯，完全燃烧后生成的 CO_2 和 H_2O 的物质的量分别相等

D. 取等质量乙烯和聚乙烯，完全燃烧后，生成的 CO_2 和 H_2O 的质量分别相等

26. 丁苯橡胶的结构简式如下：

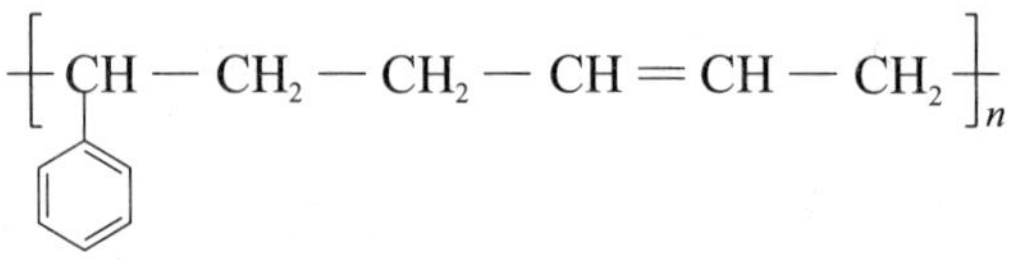

$$\left[\underset{\displaystyle C_6H_5}{CH} - CH_2 - CH_2 - CH = CH - CH_2 \right]_n$$

合成这种橡胶的单体应是（　　）。

① $C_6H_5-CH=CH_2$　②$CH_3-CH=CH-CH_3$　③$CH_2=CH-CH=CH_2$

④$CHC\equiv C-H_3$　⑤ $C_6H_5-CH_2-CH=CH_2$

A. ①②　B. ④⑤　C. ③⑤　D. ①③

三、判断题

1. 果糖在碱性溶液中也能够发生银镜反应，所以果糖分子中含有醛基。（　　）
2. 麦芽糖和蔗糖是同分异构体，它们水解后的产物都是葡萄糖。（　　）
3. 淀粉和纤维素都能够用 $(C_6H_{10}O_5)_n$ 表示，所以两者是同分异构体。（　　）
4. 糖类都是有甜味的物质。（　　）
5. “地沟油”禁止流上餐桌，但可以用于制造肥皂和甘油。（　　）
6. 人体对于纤维素无法消化，所以纤维素不能作为人体的营养物质。（　　）
7. 加热时蛋白质会发生变性，因此生鸡蛋比熟鸡蛋更有营养。（　　）
8. 塑料会造成“白色污染”，因此应该坚决禁止使用塑料制品。（　　）

四、简答题

1. 在以淀粉为原料生产葡萄糖的水解过程中，用什么方法来检验淀粉已开始水解？用什么方法来检验淀粉已经完全水解？

2. 怎样用化学方法鉴别葡萄糖和蔗糖？

3. 哪些因素可使蛋白质变性？误服重金属盐后，为什么要立即服用生鸡蛋、牛奶或豆浆？

4. 家庭清洗、消毒可以采用一些环保、卫生的办法，如用煮沸的方法消毒餐具，用淘米水清洗果蔬表面的农药残留、洗涤餐具上的油污、清洗动物的内脏……结合你家庭使用的方法，谈谈你的观点，看看还有哪些好的方法。

5. 举出日常生活中熟悉的三大合成材料各一例，叙述它们的主要性能和用途。

6. 某果蔬清洗机的工作原理为：通过电离产生臭氧。利用臭氧的强氧化能力，使其与农药、化肥、重金属离子、添加剂、病毒与细菌等有害物质发生化学反应，形成不溶于水的物质。再利用涡流喷淋的水流、臭氧分解成氧气过程中的气泡爆炸引起的震动来彻底清除蔬菜、水果、鱼、禽、肉、海鲜等食物表面残留的各种有害物质和毒素。

通过相关的化学知识我们知道，果蔬中的维生素往往具有还原性，而糖类、脂肪、蛋白质等在强氧化剂的作用下会产生一些具有致畸、致癌作用的有毒物质。

结合上述知识，从食品安全的角度出发，谈谈你对于蔬菜、水果、鱼、禽、肉、海鲜等食物的选购、清洗的看法。

7. 调查了解你的周围哪些地方会产生合成材料废弃物。根据你所学的知识，提出解决“白色污染”的有效方法。

责任编辑　宋　正

责任校对　高书美

责任设计　崔俊峰

ISBN 978-7-5167-5296-8

定价：8.00 元